CUANDO DIOS LLAMA

Tamy Aman

CUANDO DIOS LLAMA

Tamy Aman

Portable inspira

CUANDO DIOS LLAMA

© 2023, TAMY AMAN

© First Edition 2022 Portable Publishing Group LLC.
30 N Gould St, Ste R, Sheridan, WY 82801,
United States of America.

www.editorialportable.com

Portable Publishing Group LLC es una editorial con vocación global que respalda la obra de autores independientes. Creemos en la diversidad editorial y en los nuevos creadores en el mundo de habla hispana. Nuestras ediciones digitales e impresas, que abarcan los más diversos géneros, son posibles gracias a la alianza entre autores y editores, con el fin de crear libros que crucen fronteras y encuentren lectores.

La reproducción, almacenamiento y divulgación total o parcial de esta obra por cualquier medio sin el pleno consentimiento y permiso por escrito del autor y de la editorial, quedan expresamente prohibidos. Gracias por valorar este esfuerzo conjunto y adquirir este libro bajo el respeto de las leyes del Derecho de Autor y *copyright*.

ISBN: 978-1-958053-34-8

Impreso en Estados Unidos de América – *Printed in the United States of America*

ÍNDICE

Introducción	11
Capítulo 1 Escondido entre el equipaje	15
Verdadera identidad	17
Identidad personal e identidad ministerial	20
Capítulo 2 Suficiente evidencia	25
Citas divinas	25
El plan de Dios revelado	28
Señales	31
Lo hizo con Saúl	31
Lo hizo con Moisés	32
Lo hizo con Samuel	33
Lo hizo con Gedeón	34
Lo hizo en mi propia vida	35
Lo hará contigo	36
Experiencias sobrenaturales	37
Capítulo 3 Cuando Dios llama, ¿quién responde?	39
Moisés	41
Gedeón	42
Jeremías	43
María	44

Capítulo 4 Cuando Dios llama, honra   51
    Honra especial   58
    La honra que sana y restaura   59
    Saul perdió la honra de Dios por la de los hombres   61

Capítulo 5 Cuando Dios llama, unge   63
    La unción te consagra o te separa para un propósito   64
    ¿Solo son ungidos los que trabajan en una congregación?   66
    Después de la unción viene un tiempo de espera   67
    Entonces, ¿qué es la unción?   70
    Llamado al ministerio   70
    Unción acorde al servicio, al lugar y al rango de influencia   73

Capítulo 6 Cuando Dios llama, transforma   77
    Transformación   77
    Adoración: agente de transformación   81
    Su palabra convierte el alma   84

Capítulo 7 Cuando Dios llama, requiere obediencia   89
    ¿Es válido negociar con Dios?   95
    Negociar con Dios y desobediencia   96

Acerca de la autora   99

Dedicatoria

A mi amado Señor, quien me llamó a servirle desde mi juventud.

A mi amado esposo, por darme siempre todo el apoyo que he necesitado.

A Ivonne Cabral, mi amada amiga quien siempre me ha impulsado no solo a escribir sino a ir más allá de lo que yo puedo ver.

A cada persona que, inspirados por el Espíritu Santo, me dieron la palabra de parte del cielo para escribir: Mi amada madre, el Dr. Luis Tovar, la profeta Nerea de Osorto, el pastor Didiher Osorto, y algunas hijas espirituales; a todos ustedes mi agradecimiento.

A mis amados hijos Joel y Daniel.

A mi primer nieto Matthew Elías.

Y, por último, a mis amigos del alma quienes han servido como coaches para que este libro fuese una realidad: Marbella Apalmo (coach profesional) y Vladimir Lugo (teólogo, maestro de la Palabra, escritor y tecnólogo).

INTRODUCCIÓN

Cuando Dios llama es el libro para todo hijo de Dios (sin distinción de género) que ha sido llamado a algún área de servicio dentro la iglesia. Aunque algunos principios contenidos en él aplican al servicio a Dios en cualquier ámbito, el libro ha sido escrito con escenarios y recomendaciones que en algunos casos solo aplican al servicio dentro de la iglesia.

Este libro saca a la luz algunos principios escondidos en las Escrituras, como tesoros, que nos enriquecerá en nuestro diario caminar con Dios, haciendo las labores encomendadas o dejándonos formar en el tiempo de la espera entre el llamado y el ejercicio ministerial.

La intención al escribir este libro y dar a conocer algunos de estos principios bíblicos es que, al identificarlos, podamos darnos cuenta si, aun sirviendo con fe y con pasión, pudiéramos estar pasándolos por alto. Si identificamos estos principios, podremos alinearnos y atender el llamado a la manera de Dios y no a la nuestra. Si aprendemos estos principios también tendremos una mayor perspectiva de cómo podemos cumplir con nuestra asignación de manera más eficaz y no perder el propósito para el cual fuimos llamados.

Los principios bíblicos expuestos en este libro no pretenden en ningún modo abarcar la multiforme sabiduría y operaciones de Dios, ni la diversidad de dones y ministerios, pero sí estarán presentes **Cuando Dios llama**. Estos principios han sido extraídos de la vida de Saúl, llamado a ser el primer rey de Israel, y nos ayudarán a identificarnos con sus errores para poder solventarlos y /o evitarlos, cualquiera sea el caso.

Muchos de nosotros, los que ya estamos activos en el ministerio dentro de la iglesia, nos veremos reflejados en los ejemplos que están escritos en este libro. Y desde nuestra plataforma de autoridad, también nos ayudará a entender la etapa en la cual pueden encontrarse muchos de nuestros discípulos o hijos espirituales y ser de mayor bendición en la tarea de equipar y adiestrar a la futura generación de líderes.

La lectura de este libro nos ayudará a comprender un poco más la manera en que Dios opera a la hora de elegir, formar y respaldar a cualquiera de sus siervos. Si bien es cierto que Dios como Padre nos ama a todos por igual, el nivel de exigencia es diferente para aquel que ha sido llamado a un área específica del ministerio y aún más para aquel que ya está ejerciendo su don ministerial.

Conocer un poco más el carácter de Dios, qué espera de nosotros, qué le desagrada que hagamos, es de suma importancia. Por lo general, **Cuando Dios llama** damos por hecho que está agradado con todo lo que hacemos porque nos ama y porque nos escogió para su servicio, y eso no es cierto. Así como padres amamos a nuestros hijos hasta el punto de dar la vida por ellos, pero no siempre estamos agradados con algunos de sus comportamientos, de la misma manera, en este libro veremos a Dios que, aun amando a Saúl, le quitó su respaldo. Eso nos lleva a pensar, que, incluso siendo ministros, podemos contar con el amor y la misericordia de Dios, pero no siempre con su respaldo en la labor que estamos haciendo.

Es muy triste encontrar que hemos sido descalificados, jamás como hijos, pero sí como siervos en la labor asignada sin darnos cuenta. Como el caso de Sansón, registrado en el libro de Jueces, que se acostumbró tanto a que la unción operaba a través de él, dándole la fuerza física necesaria para escapar de sus enemigos, y hubo un momento en que ya la unción se había apartado de él y no se había dado cuenta. El Señor que nos ha llamado no quiere que eso suceda en nuestras vidas ministeriales, pero no depende de su llamado, sino de las decisiones que tomemos en nuestro caminar con Él.

Cuando Dios llama nos asigna a un área y a un lugar específico. Esta es una realidad del ministerio que la mayoría ignora y que muchos hemos tenido que aprender cometiendo muchos errores. Cuando Dios llamó a Moisés le encargó que sacara a su pueblo de Egipto. Cuando Dios llamó a Samuel lo estableció como un profeta a Israel. Cuando llamó a Jonás le encargó un mensaje de arrepentimiento a Nínive; estos ejemplos son muestra de las tareas encomendadas en un lugar específico.

El deseo de Dios es que todos quienes hemos sido llamados podamos terminar nuestra carrera de servicio con gozo y de manera exitosa, habiendo cumplido con su plan.

Cuando Dios llama no hay garantía de que todo saldrá bien, lo único que trae una garantía es que nosotros nos mantengamos aferrados a Él, no por nuestras fuerzas, que a veces puedan ser muy pocas, sino por decisión, tomando en cuenta los principios que se encuentran en la Escritura.

A lo largo del camino, los ejemplos en las Escrituras nos muestran cómo nuestras decisiones son las que determinan cómo llegaremos a nuestro final. En el caso de Saúl, no fue el llamado de Dios lo que determinó cómo terminó su carrera, sino las malas decisiones que tomó en el camino. Todos vamos a cometer errores en nuestro camino de fe, pero hay decisiones que nos llevarán a un mal final o a una exitosa carrera ministerial, como en el caso del apóstol Pablo, quien en el tiempo cercano de su muerte pudo declarar que había terminado la carrera, es decir, que había cumplido con su asignación.

Sea que la asignación a la cual Dios nos llama haya sido identificada o no, las líneas escritas en este libro nos animarán a avanzar en nuestros llamados ministeriales aun a pesar de nuestras flaquezas personales.

CAPÍTULO 1

ESCONDIDO ENTRE EL EQUIPAJE

El día de su coronación como rey de Israel, Saúl no apareció por sí mismo, ¡estaba escondido entre el equipaje!

> Entonces Samuel reunió a todas las tribus de Israel delante del SEÑOR, y por sorteo se eligió a la tribu de Benjamín. Después llevó a cada familia de la tribu de Benjamín delante del SEÑOR, y se eligió a la familia de los Matri. Finalmente de entre ellos fue escogido Saúl, hijo de Cis. Pero cuando le buscaron, ¡había desaparecido! Entonces le preguntaron al SEÑOR: —¿Dónde está? Y el SEÑOR contestó: — Está escondido entre el equipaje. Así que lo encontraron y lo sacaron. Era tan alto que los demás apenas le llegaban al hombro.
> (1 Samuel 10:20-23 NTV)

¿Puedes imaginarte la escena? Hay una convocatoria nacional por el profeta más famoso, conocido y respetado de la época. El pueblo estaba a la expectativa porque habían pedido un rey y esperaban la respuesta. "¿Quién sería el escogido de Dios?", era la pregunta que estaba en las mentes de todo el pueblo de Israel. Debió haber sido, sin duda alguna, un momento muy emocionante.

El profeta llama a la tribu de Benjamín, (puedo casi escuchar la algarabía), de la tribu de Benjamín es escogida la familia de Matri, (me imagino unos a otros mirándose con asombro y alegría; me pareciera escuchar entre risas y gritos: ¡Viva los Matri!) y de la familia de Matri es escogido Saúl hijo de Cis, ¡pero el escogido de Dios no aparece! "¿Se habrá equivocado el profeta?", pudieron haber pensado algunos. Se puede sentir en la atmósfera el desconcierto. Consultan a Dios y Él les muestra que estaba escondido entre el equipaje. ¿Escondido? Creo que ninguno de los Matri se esperaba que el escogido estuviera escondido ante tan tremenda elección.

Quizás algunos pudieran interpretar esto como una simple timidez de Saúl, al fin y al cabo, era un joven; la responsabilidad era muy grande: ser coronado rey de una nación y además ser el primero en la historia no era algo común, ni cotidiano, tampoco era algo para lo que Saúl se había preparado.

Ciertamente ser el primero en algo lleva en sí mucha presión emocional y aún más cuando ni siquiera se tiene un modelo a seguir; pero, en realidad, el ser pionero o ser una punta de lanza en cualquier área es un gran privilegio, pues Dios mismo es el que te llama y quien te respalda, y si te llama es porque Él, quien te creó, sabe que puedes hacerlo.

Sin embargo, todos sentimos temor ante los grandes retos de la vida y la manera en que los enfrentamos, o los evadimos, se debe en gran parte a la clase de identidad personal que tenemos. En el caso de Saúl, fue evidente la falta de una verdadera identidad.

Verdadera identidad

El diccionario define la palabra "identidad" como un conjunto de rasgos o informaciones que individualizan o distinguen algo o alguien y confirman que es realmente lo que se dice que es. También dice que es la conciencia que una persona tiene de ser ella misma y distinta a las demás.

Cuando hablo de falta de identidad me refiero al hecho de no saber realmente quiénes somos. No es el hecho de no tener identidad, porque todos tenemos una identidad sea falsa o verdadera. La verdadera es aquella que se ajusta al diseño de Dios para nuestra vida; la falsa es aquella que fue formada en nuestra mente, primero, por nuestras figuras de autoridad, luego, por nuestro entorno, circunstancias, cultura, etcétera. y que, en definitivo, está distorsionada, porque no se ajusta al diseño o propósito de Dios para nuestra vida.

Es importantísimo que tú y yo crezcamos en una verdadera identidad para poder asumir con la actitud correcta la posición a la que Dios nos ha llamado. El apóstol Pablo nos enseña este principio:

> Dios en su bondad me nombró apóstol, y por eso les pido que no se crean mejores de lo que realmente son. Más bien, véanse ustedes mismos según la capacidad que Dios les ha dado como seguidores de Cristo.
> (Romanos 12:3 TLA)

¿Te puedes ver a ti mismo según la capacidad que Dios te ha dado? ¿Has concientizado acerca de todo el potencial que Dios, tu Creador ha puesto en ti?

Todos de una manera u otra crecemos con una identidad falsa; algunos creyendo que son más de lo que son y otros que son menos de lo que son. Las dos posturas ante la vida son erróneas. La verdad es que todos somos seres únicos, especiales y amados por Dios. Sí, tú eres un ser único, en toda la creación no ha habido, ni hay, ni habrá alguien igual a ti. ¡Tus huellas digitales son únicas! ¡Eres un original de Dios sin copia! ¡Eso te hace especial!

Sin embargo, no a todos se nos dio una misma responsabilidad, ni la misma asignación, ni el mismo llamado. Si bien es cierto que todos hemos sido dotados con talentos y dones, no todos hemos sido llamados a desarrollar nuestros dones o talentos en la misma área, ni al mismo nivel, ni siquiera con el mismo rango de influencia, no todos tenemos la misma capacidad. El apóstol Pablo nos exhorta: "[...]más bien véanse ustedes mismos según la capacidad que Dios les ha dado como seguidores de Cristo" (Romanos 12:3 TLA), confirmando así lo que ya el Señor Jesús había enseñado a través de la parábola de los talentos:

> Porque el reino de los cielos es como un hombre que yéndose lejos, llamó a sus siervos y les entregó sus bienes. A uno dio cinco talentos, y a otro dos, y a otro uno, a cada uno conforme a su capacidad; y luego se fue lejos. (Mateo 25:14,15 RVR60)

Entendamos que todos, en la parábola, recibieron talentos, pero no todos recibieron la misma cantidad porque no tenían la misma capacidad. Y así pasa en nuestra vida natural, financiera, laboral y ministerial. Como seres humanos y en especial como hijos de Dios hemos sido dotados de talentos. Al entregar nuestra vida a Cristo hay talentos que comienzan a destacarse o a despertarse por causa de su presencia en nosotros; también se nos otorgan los dones del Espíritu Santo. El apóstol Pablo después de dar una lista de dones dados por el Espíritu Santo dice:

> Es el mismo y único Espíritu quien distribuye todos esos dones. Sólo él decide qué don cada uno debe tener. (1 Corintios 12:11 NTV)

Nótese que el Espíritu es quien decide cuál don debe tener cada persona. Esto obedece al llamado, a la asignación o misión a cumplir, pero de ninguna manera los dones o talentos determinan quienes somos ni tampoco lo determina nuestra misión a cumplir.

Es un grave error el pensar que somos "alguien" de acuerdo con la función que desempeñemos en la vida. En el sistema de valores de este mundo, por ejemplo, el que recoge basura es menos importante como persona que el presidente de la nación. La verdad es que esto no es así. De hecho, el pensar de esta manera, es una de las razones por las cuales la mayoría de la gente tiene una identidad falsa. Algunos se creen más que los demás por su posición económica, social, intelectual, por la función que cumplen dentro de la sociedad o dentro de una congregación. A otros les sucede lo contrario, se sienten menos que los demás porque la función que desempeña en la sociedad o congregación es, a sus ojos, mucho menos importante. Las funciones que desempeñamos pueden ser diferentes en responsabilidad, preparación, posición, educación, etcétera, ¡pero jamás determinan quienes somos como personas!

Las Escrituras nos enseñan claramente que estamos en este mundo, pero no somos de este mundo y no debemos conformarnos a este sistema de pensamiento ni de comportamiento. Tú y yo hemos sido trasladados de un reino de tinieblas (el mundo) a un reino de luz, espiritualmente hablando, pero nuestra alma necesita ser reprogramada, renovada, para dejar de pensar y actuar como el mundo, y actuar y pensar como se hace en el reino al que ahora pertenecemos.

Cuando tomamos la decisión de hacernos ciudadanos de una nación diferente de la que nacimos, no solo hay una mudanza, un traslado; hay un precio que pagar por toda la transacción legal. El precio de nuestro traslado al reino de luz fue pagado a precio de sangre, la sangre de Jesús nuestro amado Salvador. Un cambio de ciudadanía implica una adaptación a muchas cosas nuevas, leyes, modos de operar y funcionar en la sociedad, lenguaje, moneda, y a veces hasta un cambio de nombre, un cambio de identidad. Así mismo, necesitamos la ayuda del Espíritu Santo para aprender, para cambiar nuestra forma de vida al adquirir una nueva identidad, la verdadera identidad que corresponde al reino de los cielos, la que el Padre nos dio en su diseño original.

Identidad personal e identidad ministerial

La identidad personal se refiere a la identidad que debemos desarrollar como hijos de Dios. Identidad ministerial se refiere a la identidad que debemos desarrollar de acuerdo con el llamado divino o vocación.

Este concepto de identidad lo aprendí hace algunos años en una escuela profética llamada Nidos de Águila, cuya directora es la pastora Nerea de Osorto, quien junto con su esposo José Emigdio Osorto fundaron el Ministerio Tsebaoth en Tegucigalpa, Honduras.

En cuanto a la **identidad personal**, cada uno de nosotros somos el producto de los mensajes parentales que recibimos desde que estábamos en el vientre de nuestra madre hasta los siete años aproximadamente, es en ese período de tiempo, según estudios psicológicos, que la personalidad es formada. No todos venimos de hogares bien estructurados y sanos emocionalmente, por el contrario, la gran mayoría, venimos de hogares disfuncionales donde se nos formó una falsa identidad.

Así cómo Dios formó al mundo a partir de la Palabra, así también nosotros hemos sido formados, no solo por los mensajes no verbales o modelaje, sino a partir de las palabras que profirieron sobre o delante de nosotros, nuestros padres o autoridades más cercanas.

Muchos han escuchado palabras de maldición de sus padres que han formado una falsa identidad, una identidad que no se ajusta al diseño de Dios para sus vidas. Por ejemplo, la verdad es que eres amado, pero por causa de una falsa identidad piensas: "Nadie me ama", cuando en realidad es que eres aceptable a los ojos del Padre en Cristo Jesús, pero por tu falsa identidad quizás piensas: "Nadie me acepta, mucho menos Dios", "soy un rechazado", y cosas semejantes.

Es posible que de primer momento no te sientas identificado al leer estos ejemplos, pero, ¿qué piensas en los momentos de prueba o aflicción? ¿Piensas que Dios no te ama, que no te escucha, que a otros bendice, pero a ti no, que no eres lo suficiente santo como para que Él te preste atención? Si es así, tienes una falsa identidad.

Tu verdadera identidad es que eres un hijo o hija de Dios y te ama tanto que dio lo mejor que tenía, la vida de su unigénito Hijo, a cambio de la tuya. Dios es amor y no habrá ninguna circunstancia a tu alrededor que pueda cambiar esa verdad. Nunca podrás hacer nada tan malo como para hacer cambiar el amor de Dios hacia ti. Ciertamente habrá consecuencias de tus actos, pero ni aun las peores consecuencias cambiarán el hecho que Dios te ama. Él dice en Su Palabra que con amor eterno te ha amado. Lo eterno permanece, el amor no tiene fin.

Cuando nuestra identidad personal está basada en esta verdad, y no me refiero a conocer intelectualmente esta verdad, sino a vivir de acuerdo con ella, nos dará seguridad y confianza. Podremos asumir nuestra misión en la vida, sin comparaciones, sin competencias, sin envidias; porque no importa lo que haga, sea mucho o poco, sea de gran impacto o de poco impacto, de gran alcance o de poco alcance, mi Padre me ama y lo que hago es lo que Él me pidió hacer y lo hago para agradarle, lo que hago es parte de mi adoración para aquel que me amó y dio su vida por mí.

Parece algo sencillo, sin embargo, la verdad es que una falsa identidad genera muchos problemas emocionales que distorsionan nuestra manera de pensar, de actuar, de sentir, de relacionarnos y de funcionar.

No importa cuánta capacidad Dios nos haya dado, cuántos dones nos haya regalado, cuántos talentos nos haya otorgado, si no desarrollamos una verdadera identidad, no podremos desarrollar a plenitud nuestro potencial ni mucho menos cumplir con nuestro llamado de manera plena. Nuestra identidad personal es la base para desarrollar nuestra identidad ministerial.

Nuestra **identidad ministerial** tiene que ver con el llamado de Dios en nuestra vida. ¿Cuál es mi misión en esta tierra? ¿Cuál es el propósito de Dios para mi vida?

Todos somos primeramente hijos amados y aceptados por nuestro Padre celestial y, en segundo lugar, somos siervos del Dios Altísimo. Todos hemos sido llamados a servir. Nuestro Señor lo expresó de esta manera:

> Pues ni aun el Hijo del Hombre vino para que le sirvan, sino para servir a otros y para dar su vida en rescate por muchos. (Marcos.10:45 NTV)

Todo don, talento o habilidad te fueron dados para ponerlo al servicio de otros. Si eres un médico todo tu conocimiento profesional es para servir a los que están enfermos. Si eres un zapatero es para servir a los que usamos zapatos. Como vendedor estás para servir a quienes necesitan, o al menos, a los que creen que necesitan lo que tú vendes. Una buena cultura de atención al cliente se desarrolla a partir de este principio: estamos aquí para servir a otros. No es diferente con tu ministerio. Dios te dio dones y un ministerio no para que tomes identidad personal de tu función, o del título de tu función. Sea cual sea tu don, te fue dado para servir. Todos, los que hemos confesado a Jesucristo como nuestro Señor y Salvador, somos hijos de un solo Padre celestial que le servimos a Él a través del servicio que prestamos a nuestros hermanos y a nuestro prójimo en general; dentro y fuera de la iglesia le servimos a nuestro Dios. Así como Él hace salir el sol sobre buenos y malos y hace llover sobre justos e injustos; así también tú eres la bendición de Dios para buenos y malos, para justos e injustos al poner tus dones y talentos al servicio del Señor quien te los dio.

Dios nos llamó a servir, y Él mismo nos ha dotado de habilidades (dones, talentos) y una capacidad para llevarlo a cabo. Identidad ministerial tiene que ver básicamente, con reconocer cuáles son nuestros dones y en qué posición Dios nos ha llamado a servir, qué capacidad se me ha dado, y otros factores a considerar como tiempo y territorio; pero, de ninguna manera lo que hacemos, sea cual sea nuestro título o posición ministerial, determina quienes somos. Nuestra función o servicio, no nos hace ni mejores, ni más grandes que nadie, todos tenemos un mismo valor como hijos ante los ojos de Dios.

Es vital que pasemos por procesos de sanidad y restauración de las heridas de nuestra alma y que nuestra mente sea renovada, en otras palabras, que nuestra mente sea reprogramada con la palabra de Dios para poder ser siervos eficaces en nuestra labor. Tener una verdadera identidad nos habilitará para abrazar el plan de Dios, cualquiera que sea, en nuestra vida.

Oro para que este libro te ayude a salir a luz, si has estado escondido, como Saúl, entre el equipaje.

CAPÍTULO 2
SUFICIENTE EVIDENCIA

Saúl tenía suficiente evidencia de su llamado, no solo a través del profeta Samuel, sino también la manera en que Dios lo llevó a esa cita divina e inesperada, el cumplimiento de todas las señales que el profeta le había dado y el mismo hecho de experimentar la sobrenaturalidad de Dios operando en su vida. Sin embargo, todo esto no fue suficiente para Saúl; su falta de una verdadera identidad pesó más a la hora de asumir su llamado que toda la evidencia que Dios mismo le había dado. El haber tenido una verdadera identidad lo hubiese hecho afrontar su llamado con valentía.

Citas divinas

En primer lugar, después de un encuentro con un profeta como lo tuvo Saúl con Samuel, cualquiera podría haberse dado cuenta que fue una cita divina. Él, mejor que nadie, sabía que la salida de su casa fue en obediencia al mandato de su padre a buscar los burros que se habían perdido, no había otra aparente razón de salir a ese viaje y llegar al lugar donde estaba el profeta que ni él mismo conocía.

> Cierto día, los burros de Cis se extraviaron, y él le dijo a Saúl: «Lleva a un siervo contigo y ve a buscar los burros».
> (1 Samuel 9:3 NTV)

La idea de consultar un profeta tampoco estaba en su mente, sino que fue idea de su criado dada la ocasión y el lugar donde estaban.

> Finalmente, entraron a la región de Zuf y Saúl le dijo a su siervo: —Volvamos a casa. ¡Es probable que ahora mi padre esté más preocupado por nosotros que por los burros! Pero el siervo dijo: —¡Se me ocurre algo! En esta ciudad vive un hombre de Dios. La gente lo tiene en gran estima porque todo lo que dice se cumple. Vayamos a buscarlo; tal vez pueda decirnos por dónde ir.
> (1 Samuel 9:5,6 NTV)

Dios había usado la pérdida de los burros de Cis y a su criado para llevar a Saúl a un encuentro profético que le revelaría el plan que tenía el Señor para su vida. ¡Qué afortunado fue Saúl! ¿Cuántos de nosotros desearíamos que algo así nos sucediera? Y aunque Dios no opera siempre de la misma manera, podemos regocijarnos en el hecho de que tiene un plan maravilloso para cada uno de nosotros.

Sí, Dios tiene un plan para tu vida y es posible que lo estés viviendo y no te habías dado cuenta de ello, como también es posible que has estado huyendo de Él o caminando en sentido contrario a su plan. Sea cual sea tu situación, es un buen momento para pedir al Señor que guíe tus pasos hacia su propósito. Él es Soberano y puede usar cualquier circunstancia de tu vida para encaminarte hacia su plan. Él puede usar a cualquier persona, sea que esté por encima de nosotros en autoridad o debajo de nuestra autoridad. En el caso de Saúl usó a su padre y a su criado para conectarlo con el profeta. Él puede usar a nuestros familiares y amigos como conectores con personas claves que nos revelarán o guiarán a nuestro destino en Dios, Él es suficientemente capaz de encaminarte hacia el lugar donde tiene preparada una cita contigo.

Las pérdidas que has sufrido, en Cristo, se convierten en las mayores ganancias. Así como ocurrió en la vida de Cis (padre de Saúl) la pérdida de sus burros llevó a su hijo Saúl a obtener una gran ganancia: conocer el plan de Dios para su vida.

Casi nunca entendemos por qué perdemos trabajos, proyectos, relaciones, cuando al examinarnos no vemos que hayamos hecho nada malo. He aprendido que muchas veces obedece a un plan supremo, a un plan que supera en todo lo que nosotros consideramos lo máximo. Sus caminos y pensamientos siempre son más altos que los nuestros y siempre nuestro Dios va a hacer posible que todo lo que ocurra en nuestra vida se torne en una bendición. Siempre será así, por causa de su amor y porque hemos sido llamados de acuerdo con su propósito.

Cuando aceptamos e internalizamos estas verdades en nuestro corazón, entonces podemos descansar en Él ante los cambios inesperados en nuestras vidas. Podemos, incluso sufriendo el dolor de una pérdida, darle gracias a Dios por la ganancia que vendrá. Sí, sé que suena paradójico, pero el reino espiritual, el reino de los cielos al que tú y yo pertenecemos, es un reino donde operan principios y este es uno de ellos: perder para ganar. El Señor Jesús lo expresó de esta manera:

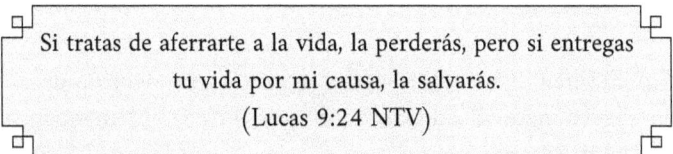

Si tratas de aferrarte a la vida, la perderás, pero si entregas tu vida por mi causa, la salvarás.
(Lucas 9:24 NTV)

Te invito a entregar la guía de tu vida en Sus manos y Él operará a tu favor. El Espíritu Santo te guiará a tu destino aún por caminos desconocidos.

En este mismo momento, mientras lees estas líneas, le pido al Padre celestial que te dé la habilidad espiritual de ser dócil a la dirección del Espíritu Santo, que te dé el discernimiento de oír Su invitación a través de quien Él quiera usar para conectarte con las personas claves para tu vida, aquellas que Dios ha capacitado para ayudarte a enderezar tus sendas, a redireccionar tu vida hacia un destino de gloria. Aquellas personas que te ayudarán a subir de nivel en tu camino hacia la cima de la montaña, hacia tu encuentro sobrenatural con el Dios Altísimo, tu Creador, tu Señor y Rey. ¡Qué las citas divinas programadas en la agenda de Dios para tu vida se hagan realidad en el nombre de Jesús!

El plan de Dios revelado

> Justo en ese momento, Saúl se acercó a Samuel a las puertas de la ciudad y le preguntó: —¿Podría decirme, por favor, dónde está la casa del vidente? —¡Yo soy el vidente! —contestó Samuel—. Sube al lugar de adoración delante de mí. Allí comeremos juntos; en la mañana te diré lo que quieres saber y te enviaré de regreso. Y no te preocupes por esos burros que se perdieron hace tres días, porque ya los encontraron. Además, estoy aquí para decirte que tú y tu familia son el centro de todas las esperanzas de Israel.
> (1 Samuel 9:18-20 NTV)

¡Qué tremendo encuentro! Eso fue solo la introducción de este encuentro maravilloso planificado por Dios de antemano. ¡Una verdadera cita divina!

Siempre impresiona que el Señor nos hable a través de alguien a quien no conocemos, como en el caso de Saúl, quien nunca había visto al profeta Samuel. De hecho, sin saber que hablaba con él, le pidió dirección de cómo llegar a su casa. Me puedo imaginar la cara de sorpresa de Saúl cuando el profeta le dijo: *"Y no te preocupes por esos burros que se perdieron hace tres días, porque ya los encontraron"* (1 Samuel 9:20). ¡Qué exactitud! ¿No es maravilloso saber que Dios tiene cuidado de cada detalle de nuestra vida? Incluso, Él sabe cuántos cabellos hay en nuestra cabeza, sean pocos o sean muchos. ¡Tenemos un Dios maravilloso!

Imagina la cara de asombro de Saúl al escuchar las siguientes palabras del profeta:

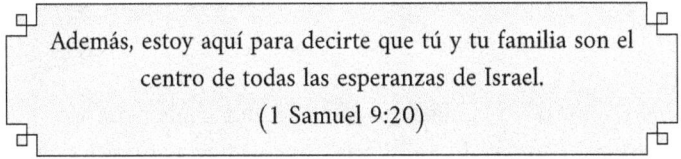

Además, estoy aquí para decirte que tú y tu familia son el centro de todas las esperanzas de Israel.

(1 Samuel 9:20)

¡Qué palabras tan impactantes! Samuel no estaba sorprendido al momento de profetizar, como mencioné antes y como está claramente descrito en las Escrituras, este encuentro fue de antemano preparado por Dios, y Él ya le había dado a conocer a su profeta el plan para Saúl:

> Ahora bien, el SEÑOR le había dicho a Samuel el día anterior: «Mañana a esta hora te enviaré a un hombre de la tierra de Benjamín. Úngelo para que sea el líder de mi pueblo, Israel. Él lo librará de los filisteos, porque desde lo alto he mirado a mi pueblo con misericordia y he oído su clamor». Cuando Samuel vio a Saúl, el Señor le dijo: «¡Ese es el hombre del que te hablé! Él gobernará a mi pueblo».
> (1 Samuel 9:15-17 NTV)

Se cumple la palabra declarada en el libro del profeta Amós:

> De hecho, el SEÑOR Soberano nunca hace nada sin antes revelar sus planes a sus siervos, los profetas. (Amós 3:7)

No dudaría en lo absoluto que el Señor hable a los oídos de algunos de sus profetas algo maravilloso acerca de ti y de su plan para contigo. Aún más maravilloso es que Él desea darte a conocer su propósito directamente a ti. Oro para que ese plan se te dé a conocer.

El Señor usará aún las aparentes pérdidas en tu vida para llevarte al cumplimiento de su plan y propósito. Te darás cuenta de que esas circunstancias, en apariencia negativas, Dios las usó como excusas para llevarte a algo mucho mejor. Deja de lamentarte por lo que has perdido y enfócate en que pasó por alguna razón que quizás, en este momento, escapa de tu conocimiento natural, pero que en Cristo todo lo perdido es hallado, ¡y en mayor proporción! Las pérdidas del ayer son tu mayor ganancia en el mañana, ¡celébralo hoy! Recuerda que todo lo que pasa ocurre para el bien de los que amamos a Dios y hemos sido llamados conforme a su propósito.

Señales

Una de las cosas que siempre Dios hará después de llamarnos y revelarnos su plan, será enviarnos una señal que nos confirme lo que nos ha dicho.

Lo hizo con Saúl

Primero le dijo que al salir de donde estaba se encontraría con dos hombres en el territorio de Benjamín, que le dirían que los burros habían sido hallados y que su padre estaba preocupado por él. Más adelante se encontraría con tres hombres que subían a Betel y le ofrecerían dos panes; después de esto, al entrar a la ciudad, se encontraría con una compañía profética y entonces el Espíritu de Dios vendría sobre él con poder, profetizaría y sería una persona diferente. Todo esto con más detalle está escrito en 1 Samuel 10: 1-6.

> Entonces Samuel tomó un frasco de aceite de oliva y lo derramó sobre la cabeza de Saúl. Besó a Saúl y dijo: «Hago esto porque el SEÑOR te ha designado para que gobiernes a Israel, su posesión más preciada. Cuando me dejes hoy, verás a dos hombres junto a la tumba de Raquel en Selsa, en los límites del territorio de Benjamín. Ellos te dirán que los burros fueron encontrados y que tu padre dejó de preocuparse por ellos, pero que ahora está preocupado por ti. Está preguntando: "¿Han visto a mi hijo?".» Cuando llegues al roble de Tabor, te encontrarás con tres hombres que van camino a Betel para adorar a Dios. Uno llevará tres cabritos, otro tendrá tres panes y el tercero un odre lleno de vino. Los tres hombres te saludarán y te ofrecerán dos panes, los cuales debes aceptar.

> » Cuando llegues a Guibeá de Dios, donde está la guarnición de los filisteos, encontrarás a un grupo de profetas que desciende del lugar de adoración. Estarán tocando un arpa, una pandereta, una flauta y una lira, y estarán profetizando. En ese momento el Espíritu del SEÑOR vendrá poderosamente sobre ti y profetizarás con ellos. Serás transformado en una persona diferente". (1 Samuel 10:1-6 NTV)

Todo, absolutamente todo lo que el profeta Samuel le dijo a Saúl que acontecería de regreso a su casa, sucedió.

> Mientras Saúl se daba vuelta para irse, Dios le dio un nuevo corazón, y todas las señales de Samuel se cumplieron en ese día. (1 Samuel 10:9 NTV)

¡Todas las señales acontecieron en un solo día!

Lo hizo con Moisés

Dios le dijo que tirara la vara que tenía en su mano y se convirtió en culebra, la tomó de nuevo y se convirtió en vara, le dijo que metiera su mano en su seno y salió leprosa y al volverla a meter quedó completamente restaurada.

> Entonces el Señor le preguntó: —¿Qué es lo que tienes en la mano? —Una vara de pastor —contestó Moisés. —Arrójala al suelo —le dijo el SEÑOR. Así que Moisés la tiró al suelo, ¡y la vara se convirtió en una serpiente! Entonces Moisés saltó hacia atrás. Pero el SEÑOR le dijo: —Extiende la mano y agárrala de la cola. Entonces Moisés extendió la mano y la agarró, y la serpiente volvió a ser una vara de pastor.
> (Éxodo 4:2-4 NTV)
> Luego el SEÑOR le dijo a Moisés: —Ahora mete la mano dentro de tu manto. Entonces Moisés metió la mano dentro de su manto, y cuando la sacó, la mano estaba blanca como la nieve, afectada por una grave enfermedad de la piel. —Ahora vuelve a meter la mano dentro de tu manto —le dijo el SEÑOR. Así que Moisés metió la mano de nuevo, y cuando la sacó, estaba tan sana como el resto de su cuerpo.
> (Éxodo 4:6,7 NTV).

Lo hizo con Samuel

Lo llamó cuatro veces de forma audible:

> Samuel todavía no conocía al SEÑOR, porque nunca había recibido un mensaje de él. Así que el SEÑOR llamó por tercera vez, y una vez más Samuel se levantó y fue a donde estaba Elí. —Aquí estoy. ¿Me llamó usted? En ese momento Elí se dio cuenta de que era el SEÑOR quien llamaba al niño. Entonces le dijo a Samuel: —Ve y acuéstate de nuevo y, si alguien vuelve a llamarte, di: "Habla, SEÑOR, que tu siervo escucha". Así que Samuel volvió a su cama. Y el SEÑOR vino y llamó igual que antes: —¡Samuel! ¡Samuel! Y Samuel respondió: —Habla, que tu siervo escucha.
> (1 Samuel 3:7-10 NTV)

Es posible que como Samuel no conozcas al Señor, pero si has llegado hasta aquí leyendo este libro, ya has recibido mensajes de Él. Oro para que escuches Su voz, su llamado a tu destino.

Lo hizo con Gedeón

Le respondió de manera sobrenatural a las dos señales que le pidió:

> Después Gedeón le dijo a Dios: «Si de veras vas a usarme para rescatar a Israel como lo prometiste, demuéstramelo de la siguiente manera: esta noche pondré una lana de oveja en el suelo del campo de trillar; si por la mañana la lana está mojada con el rocío, pero el suelo está seco, entonces sabré que me ayudarás a rescatar a Israel como lo prometiste». Y eso fue exactamente lo que sucedió. Cuando Gedeón se levantó temprano a la mañana siguiente, exprimió la lana y sacó un tazón lleno de agua. Luego Gedeón le dijo a Dios: «Por favor, no te enojes conmigo, pero deja que te haga otra petición. Permíteme usar la lana para una prueba más. Esta vez, que la lana se quede seca, mientras que el suelo alrededor esté mojado con el rocío». Así que esa noche, Dios hizo lo que Gedeón le pidió. A la mañana siguiente, la lana estaba seca, pero el suelo estaba cubierto de rocío. (Jueces 6:36-40 NTV)

Lo hizo en mi propia vida

Recuerdo la primera vez que recibí el llamado de Dios al ministerio, tenía solo 20 años y estando a solas en oración, me habló de mi propósito de vida, el cual guardé y atesoré en mi corazón y no lo compartí con nadie, de hecho, a lo largo de los años lo he compartido con muy pocas personas, pero me dijo, entre otras cosas: "Te daré una señal para que creas que Yo Soy quien te llama, comenzarás a enseñar a los jóvenes de tu iglesia".

Esta era una tremenda señal para mí, solo tenía un año de convertida, no tenía la preparación teológica, ni la experiencia ministerial, pues nunca había dado un estudio bíblico, ni el testimonio adecuado (según el hombre) para ser llamada a enseñar jóvenes. Había sido expulsada, de una manera injusta y no conforme a las Escrituras, por el pastor de la congregación donde me convertí. Tampoco tenía el tiempo suficiente asistiendo a la iglesia donde recién me congregaba; así que sí esto se cumplía en una congregación de aproximadamente dos mil personas, en aquella época, y donde yo era nueva, tenía que ser Dios y como Dios no es hombre para mentir, tal como me lo dijo, así se cumplió.

No pasó mucho tiempo cuando fui llamada a formar parte de un grupo para inaugurar la escuela dominical juvenil de la Iglesia Pentecostal Las Acacias, en Caracas, Venezuela; cuyo pastor, hasta el día de hoy es el Reverendo Samuel Olson, a quien admiro y respeto, y a quien le debo mucho de mi formación cristiana, así como a muchos líderes en aquella época, algunos ya en la presencia del Señor, otros continúan sirviéndole, tanto dentro como fuera de Las Acacias, dentro y fuera de mi amada Venezuela.

Así comencé a enseñar la Palabra de Dios a un grupo de jóvenes de 18 a 20 años. Si no hubiese tenido el llamado y la señal, nunca hubiese aceptado la propuesta. Era muy tímida para pararme enfrente de la gente, por causa de una falsa identidad, y aunque era un grupo pequeño, con el tiempo fue creciendo y adultos venían y se sentaban a escuchar la clase. Esa fue otra señal ministerial que Dios me dio, pero no la entendí hasta muchos años después.

Lo hará contigo

El Señor siempre te va a dar señales para traerte afirmación y seguridad, si lo necesitas. No importa en el nivel de fe que te encuentres, en ese mismo nivel te encontrará el Señor y a ese nivel tratará contigo.

¿Qué señales te ha dado Dios con respecto a tu llamado, a tu asignación, a tu misión aquí en la tierra? Estoy segura de que te ha dado más de una y posiblemente, como yo en aquel tiempo, no te has dado cuenta. En otras ocasiones has oído y visto las señales, pero las has ignorado. Te exhorto a que si hoy, a través de este libro, escuchas una vez más el llamado de Dios: no endurezcas tu corazón. ¡Nunca experimentarás lo que es verdadera satisfacción hasta que estés cumpliendo con tu misión! Para eso fuiste creado, especialmente diseñado para caminar en las obras que de antemano Él preparó para que anduvieras en ellas. ¡Que una falsa identidad no te impida responder al llamado de Dios!

Experiencias sobrenaturales

Otra de las evidencias del llamado fue el hecho de que Saúl experimentó la sobrenaturalidad de Dios.

> Cuando Saúl y su siervo llegaron a Guibeá, vieron a un grupo de profetas que se les acercaba. Entonces el Espíritu de Dios vino poderosamente sobre Saúl, y él también comenzó a profetizar. (1 Samuel 10:10 NTV)

Saúl experimentó el poder de Dios transformándolo en otro hombre y haciéndolo profetizar, cuando nunca lo había hecho.

Dios quiere que tengamos una experiencia personal. Él está interesado en darse a conocer y más que un conocimiento intelectual de quién es Dios, tengamos un conocimiento vivencial. La gente podrá discutir si el conocimiento que tenemos es verdadero o no, pero nadie podrá rebatir nuestra experiencia con Él. Si en aquel entonces hubiesen existido las diferentes denominaciones cristianas que tenemos hoy día; pudieran haberle dicho a Saúl que solo los profetas podían profetizar, o que el profetizar no era para ese tiempo, o que el Espíritu Santo no podía hacer eso, o que eso no venía realmente de Dios, pero Saúl podía declarar: "¡El Espíritu Santo de Dios vino sobre mí con poder y proeticé!" No había ninguna duda, ¿por qué? Porque no fue un conocimiento teórico, ni teológico sino, ¡una vivencia personal! Saúl podía decir con toda seguridad: "¡El poder de Dios me habilitó para profetizar! No sé cómo lo hizo Dios, ¡pero lo hizo!". Es como el hombre ciego a quien Jesús sanó. Él exclamó: "Lo único que sé es que era ciego y ahora veo". Los teólogos de la época no podían aceptar el milagro como de Dios, pero eso no impidió que lo hiciera.

Nadie podrá quitarnos la experiencia. Quizás no lo entendamos todo, pero lo que sí sabemos es que Dios es real y esta certeza no viene de una enseñanza religiosa sino de una relación en la que experimentamos lo real de su existencia.

Ante la eminente responsabilidad de un llamado de Dios, lo que nos sostendrá en momentos difíciles es la seguridad y confianza que viene por conocerle, la seguridad del llamado, las señales del Dios que nos llamó, en fin, la suficiente evidencia.

CAPÍTULO 3

CUANDO DIOS LLAMA, ¿QUIÉN RESPONDE?

> Después oí que el Señor preguntaba: «¿A quién enviaré como mensajero a este pueblo? ¿Quién irá por nosotros?». — Aquí estoy yo —le dije—. Envíame a mí.
> (Isaías 6:8 NTV)

Estoy plenamente convencida de que nuestra habilidad, no solo para responder al llamado de Dios sino para llevarlo a la práctica de una manera eficaz, viene de tener una verdadera identidad. A veces somos ágiles para responder al llamado por nuestro deseo de servir al Señor, pero muchas veces no somos eficaces o no desarrollamos todo el potencial, en la medida en que servimos, por una falsa identidad.

Seguramente habrás conocido a alguien (quizás mirando al espejo) que con mucha emoción se dispone a dar lo mejor, pero nunca arranca en la carrera de fe que implica la vida ministerial, o si arranca, vemos que al poco tiempo se devuelve o se queda estancado en el mismo lugar. He visto gente muy talentosa que no llegan a ninguna parte en el cumplimiento de su misión en la tierra, y gente con menos talentos o menos preparación que avanzan velozmente en la carrera a su destino en Dios. Podemos analizar y encontrar muchos factores que influyen en estos casos, pero la falsa identidad, en su mayoría, es uno de esos factores.

La palabra profética dada por Samuel a Saúl fue la siguiente:

> Además, estoy aquí para decirte que tú y tu familia son el centro de todas las esperanzas de Israel.
> (1 Samuel 9:20 NTV)

Y Saúl respondió como quizás hubiésemos contestado cualquiera de nosotros:

> Saúl respondió: —¡Pero solo soy de la tribu de Benjamín, la más pequeña de Israel, y mi familia es la menos importante de todas las familias de la tribu! ¿Por qué me habla usted de esa manera? (1 Samuel 9:21 NTV)

En esta respuesta vemos un contraste entre la opinión que Dios tiene de Saúl y la que él tiene de sí mismo. No es de extrañar que, con esa opinión, con esa falsa identidad, Saúl se hubiera escondido en el equipaje el día del cumplimiento del plan de Dios en su vida.

Creo que, para ser sincera, en la mayoría de los casos, es el mismo contraste que existe entre la opinión que tenemos de nosotros mismos y la que tiene el Señor acerca de nosotros, y muy posiblemente esa es la razón por la que tú todavía estés escondido en el equipaje.

Si te viste al espejo en estas líneas, te aseguro que no estás solo en la carrera. Las Escrituras narran algunas respuestas al llamado de los que consideramos héroes de la fe y te puedo asegurar que no todos respondieron como lo hizo Isaías: *"Aquí estoy yo. Envíame a mí"*.

Moisés

> Ahora ve, porque te envío al faraón. Tú vas a sacar de Egipto a mi pueblo Israel. Pero Moisés protestó: —¿Quién soy yo para presentarme ante el faraón? ¿Quién soy yo para sacar de Egipto al pueblo de Israel? (Éxodo 3:10,11 NTV).

Después de argumentar con Dios acerca de qué les diría a los hijos de Israel, y después de ver las señales, esta fue su respuesta:

> Pero Moisés rogó al SEÑOR: —Oh Señor, no tengo facilidad de palabra; nunca la tuve, ni siquiera ahora que tú me has hablado. Se me traba la lengua y se me enredan las palabras. Entonces el SEÑOR le preguntó: —¿Quién forma la boca de una persona? ¿Quién decide que una persona hable o no hable, que oiga o no oiga, que vea o no vea? ¿Acaso no soy yo, el SEÑOR? ¡Ahora ve! Yo estaré contigo cuando hables y te enseñaré lo que debes decir. (Éxodo 4:10-12 NTV)

Moisés se sentía completamente inadecuado para cumplir con el llamado de Dios.

El Señor tiene maneras de actuar a veces chistosas, ¿a quién se le podría ocurrir "contratar" a un tartamudo como profeta? Y no cualquier profeta, sino a uno que lo representaría ante un rey, ante una autoridad gubernamental, ante el faraón, para mediar a favor de todo un pueblo. Cualquiera de nosotros hubiese buscado al más elocuente.

Quiero decirte que, Dios, tu Creador, conoce tus limitaciones de carácter y sabe que no te creó con ellas, sino que esas limitaciones vienen a manifestarse en tu vida a causa de una identidad incorrecta. Él sabe muy bien para qué te creó y la capacidad que ha puesto en ti y que, en Él, todas tus limitaciones son superadas por su poder operando a través de ti, llevándote a cumplir con la tarea asignada. Dios no te llama a cumplir con una tarea que va más allá de tus posibilidades para avergonzarte sino para glorificarse.

Gedeón

> Entonces el SEÑOR lo miró y le dijo: —Ve tú con la fuerza que tienes y rescata a Israel de los madianitas. ¡Yo soy quien te envía! —Pero, Señor —respondió Gedeón—, ¿cómo podré yo rescatar a Israel? ¡Mi clan es el más débil de toda la tribu de Manasés, y yo soy el de menor importancia en mi familia! El SEÑOR le dijo: —Yo estaré contigo, y destruirás a los madianitas como si estuvieras luchando contra un solo hombre.
> (Jueces 6:14-16 NTV)

Gedeón se sentía débil e insignificante para cumplir con el llamado de Dios.

Jeremías

> —Te conocía aun antes de haberte formado en el vientre de tu madre; antes de que nacieras, te aparté y te nombré mi profeta a las naciones. —Oh SEÑOR Soberano —respondí—. ¡No puedo hablar por ti! ¡Soy demasiado joven! —No digas: "Soy demasiado joven" —me contestó el SEÑOR—, porque debes ir dondequiera que te mande y decir todo lo que te diga. No le tengas miedo a la gente, porque estaré contigo y te protegeré. ¡Yo el SEÑOR, he hablado! (Jeremías 1:5-8 NTV)

Jeremías se sentía muy inmaduro para cumplir con el llamado de Dios.

Cuando Dios llama, ¿quién responde? ¿Responderías hoy a su llamado? ¿Cómo te sientes ante el llamado de Dios? ¿Qué opinión tienes acerca de ti mismo?

Es posible que haya temores, sentido de inadecuación, inmadurez, falta de habilidad, falta de recursos, sentimientos de inferioridad y muchas otras cosas más, pero usamos todo eso como una excusa para no responder al llamado de Dios. Todos ponemos excusas, pero las excusas no son más que el equipaje donde nos escondemos y que ponen en evidencia nuestra falta de una verdadera identidad. Es tiempo de enfrentar nuestro problema de identidad y salir de entre el equipaje para asumir la vida a la que el Señor nos llama.

Cada uno de estos hombres de fe, a pesar de su falsa identidad, se atrevieron a salir de entre el equipaje y con la ayuda del Señor, quien los llamó, cumplieron con su asignación en la Tierra. Dios siempre va a respaldar a aquel a quien llama. Y así mismo ocurrirá contigo y conmigo si nos atrevemos a salir de entre el equipaje y asumir la posición a la cual hemos sido llamados a ocupar.

Oro al Padre para que traiga memoria por el Espíritu Santo, eventos, sucesos, o circunstancias en las cuales Él trajo una señal a tu vida y no te diste cuenta. Que hoy sean abiertos tus ojos y puedas reconocer las señales de Dios. Que hoy se encienda una lámpara a través de estas líneas y que disipen la oscuridad de tus ojos que no te permiten ver lo que necesitas para este tiempo y para esta hora, en el nombre de Jesucristo.

María

Me parece importante resaltar, en este capítulo, cómo los padres de Jesús en la tierra respondieron a su llamado. De hecho, para algunos no es necesario una señal, el solo escuchar su voz es más que suficiente. Así pasó con María, la madre de nuestro Salvador:

> —No tengas miedo, María —le dijo el ángel—, ¡porque has hallado el favor de Dios! Concebirás y darás a luz un hijo, y le pondrás por nombre Jesús. Él será muy grande y lo llamarán Hijo del Altísimo. El Señor Dios le dará el trono de su antepasado David. Y reinará sobre Israel para siempre; ¡su reino no tendrá fin!" (Lucas 1:30-34 NTV)

Es impresionante la respuesta de esta jovencita ante tremenda asignación divina:

> María respondió: —Soy la sierva del Señor. Que se cumpla todo lo que has dicho acerca de mí. Y el ángel la dejó.
> (Lucas 1:38 NTV)

José también reaccionó con obediencia al llamado del Señor; recordemos que él estaba vivenciando una experiencia única en la historia de la humanidad; su prometida estaba embarazada y ellos no habían tenido una intimidad sexual, así que él asume que ella había sido infiel y aún con el alma desgarrada por una infidelidad imaginaria, actuó con nobleza dejándola en secreto, pues no quería difamarla. En medio de su dolor, protegió la imagen de su amada. Dios le habló en sueños y le dijo que María había concebido del Espíritu Santo y que le pusiera al niño el nombre: Jesús. En otras palabras, es como si Dios le hubiera dicho: "Profetiza sobre la vida de este niño que él salvará a su pueblo de sus pecados".

> Cuando José despertó, hizo como el ángel del Señor le había ordenado y recibió a María por esposa, pero no tuvo relaciones sexuales con ella hasta que nació su hijo; y José le puso por nombre Jesús.
> (Mateo 1:24,25 NTV)

A los doce años, Jesús sabía a qué había sido llamado y cuál era su lugar. Narra la Escritura en el evangelio de Lucas que fue con sus padres a celebrar la fiesta de la Pascua, tal y como lo hacían cada año. De regreso, Jesús se quedó en Jerusalén sin que sus padres se dieran cuenta. En el camino, José y María pensaron que estaba entre los viajeros, pero al no encontrarlo regresaron a Jerusalén y allí estaba, en el templo escuchando a los doctores de la ley y haciéndoles preguntas. Su madre le reclamó, pues estaban angustiados buscándolo y su respuesta fue la siguiente:

> —¿Pero por qué tuvieron que buscarme? —les preguntó—. ¿No sabían que tengo que estar en la casa de mi Padre?
> (Lucas 2:49 NTV)

No vemos a un niño preocupado, ni angustiado. Fueron tres días "perdido", recordemos, no existían celulares, ni correos electrónicos, ni ningún tipo de dispositivos para hacer una video llamada, ni nada por el estilo, sin embargo, se mostró muy seguro de sí mismo ante la preocupación de su madre. ¿Qué comió en ese tiempo?, ¿dónde durmió?, ¿quién cuidó de él? No lo sabemos, lo que sí sabemos es que estaba en el lugar al que había sido llamado a estar, ¡él lo sabía muy bien! Cuando se es niño, todavía dependiente de un adulto, es traumático el hecho de perderse o perder de vista a las personas que están a tu cuidado. Este evento en la vida de Jesús lo pudo haber llevado a "esconderse entre el equipaje", pero su identidad era tan clara que vio la oportunidad de cumplir con parte de su misión y sin ningún temor comenzó a trabajar en la casa de su Padre.

Amigo lector, no sé qué edad tienes; pero, ¿sabes dónde te es necesario estar?, ¿cuál es el "negocio" que el Padre te ha encargado durante tu estadía en este hermoso planeta llamado Tierra? ¿Estás realmente ocupándote de la casa de tu Padre? Si tu respuesta es sí, te pregunto: ¿Lo estás llevando a cabo con todas tus capacidades?, ¿estás siendo eficiente? Si la respuesta es no a cualquiera de estas preguntas, muy posiblemente sea por tener una falsa identidad.

¿Recuerdas unos párrafos anteriores en los que te dije que somos el producto de los mensajes parentales o de personas de autoridad que recibimos? Echemos un vistazo a algunos de los mensajes que recibió Jesús en su etapa de formación:

> Fueron de prisa a la aldea y encontraron a María y a José. Y allí estaba el niño, acostado en el pesebre. Después de verlo, los pastores contaron a todos lo que había sucedido y lo que el ángel les había dicho acerca del niño. Todos los que escucharon el relato de los pastores quedaron asombrados (Lucas 2:16-18 NTV)

¿Y qué era lo que los pastores habían oído acerca del niño? Lucas narra que un ángel se les había aparecido y les dio la buena noticia de que había nacido El Salvador, el Cristo:

> Pero el ángel los tranquilizó. «No tengan miedo»-dijo-. Les traigo buenas noticias que darán gran alegría a toda la gente. ¡El Salvador -sí, el Mesías, el Señor- ha nacido hoy en Belén, la ciudad de David!
> (Lucas 2:10,11 NTV)

Dicen las Escrituras que María guardaba todas estas cosas en su corazón. Sin embargo, como madre, estoy segura de que ella hablaba estas palabras sobre su bebé, pues a ella misma el ángel Gabriel le había dicho quién era realmente su hijo. La costumbre judía era que el padre bendecía a sus hijos colocando sus manos sobre su cabeza. No dudo que José hizo esto con Jesús durante toda su etapa formativa declarando las palabras proféticas sobre él.

También narra Lucas que había un hombre piadoso llamado Simeón, en quien reposaba el Espíritu Santo, y le había dicho que no moriría hasta que viera al Salvador, el día de la presentación del niño en el templo, es decir, al octavo día de su nacimiento, Simeón fue movido por el Espíritu Santo a ir al templo y cuando vio a María y a José con el niño, esto fue lo que ocurrió:

> Simeón estaba allí. Tomó el niño en sus brazos y alabó a Dios diciendo: «Señor Soberano, permite ahora que tu siervo muera en paz, como prometiste. He visto tu salvación, la que preparaste para toda la gente. ¡Él es una luz para revelar a Dios a las naciones! y es la gloria de tu pueblo Israel». Los padres de Jesús estaban asombrados de lo que se decía de él. (Lucas 2:28-33 NTV)

Estaba también en el templo la profetisa Ana y testificaba del niño confirmando las palabras proféticas acerca de él. Cada vez que José llamaba a su hijo le estaba diciendo: ¡Tú eres el Salvador!

Sin duda, estas tremendas palabras de afirmación, aceptación y seguridad formaron la identidad de nuestro Señor. No es entonces de extrañar que a los doce años estaba tan claro en su verdadera identidad personal y en la ministerial. De seguro tú y yo no crecimos escuchando completamente palabras que nos afirmaran en nuestra verdadera identidad y mucho menos de nuestra misión en la tierra, pero quiero enfatizar que las Escrituras nos enseñan que hemos renacido por la Palabra.

> Pues han nacido de nuevo, pero no a una vida que pronto se acabará. Su nueva vida durará para siempre porque proviene de la eterna y viviente palabra de Dios. (1 Pedro 1:23 NTV)

Lo que quiero decirte es que, como hijo o hija de Dios, según las Escrituras no naciste por voluntad de hombre sino por la voluntad de Dios y no solo naciste sino renaciste, es decir, naciste de nuevo por su Palabra. Ya los mensajes que vinieron de una simiente corruptible como la de tus padres, abuelos, maestros o cualquier otra figura de autoridad, no tienen que seguir dominando tu manera de pensar y actuar hoy. Su Palabra es esa semilla incorruptible dentro de ti. Permite que esa palabra sea implantada, germine y crezca dentro de ti. Permite que ese mismo Dios que creo el mundo con su Palabra te recree, te de una nueva identidad, una verdadera identidad. ¡Sea la luz dentro de ti y disipe toda tiniebla que viene de una falsa identidad, en el nombre de Jesucristo!

Retomando el ejemplo en la vida de Saúl, si él hubiese tenido una verdadera identidad para el tiempo de asumir el llamado de Dios, en vez de esconderse entre el equipaje, se hubiese dicho a sí mismo algo como esto: "El reto es grande y mucho más grande que yo, pero no lo busqué, no me escogí a mí mismo, el pueblo pidió un rey y Dios me mandó a llamar, ¡no tengo necesidad de esconderme detrás del equipaje! No tengo la experiencia, pero ¡mi competencia viene de Aquel que me llamó!". Pensando de esa manera se hubiese podido apoyar, no en su propia sabiduría sino en la de Dios. De esa manera pudo haberle hecho frente al temor, no contando con sus propias fuerzas sino fortaleciéndose en Dios y en su respaldo.

Y tú, ¿cómo lo hubieses afrontado? ¿Cómo lo estás afrontando? Ciertamente viene un reto mayor a tu vida, cuando Dios llame, ¿cómo lo afrontarás? Cuando Dios llama, ¿quién responde?

CAPÍTULO 4

CUANDO DIOS LLAMA, HONRA

Una de las características de cómo opera nuestro Dios, es que nunca nos pide que hagamos algo que Él no haya hecho antes. Cuando sacó al pueblo de Israel de la esclavitud en la cual cayeron por haberle dado la espalda a Dios, los sacó con honra.

> Además haré que los egipcios los miren con agrado. Les darán obsequios cuando salgan, de modo que no se irán con las manos vacías. Toda mujer israelita pedirá a sus vecinas egipcias y a las mujeres extranjeras que vivan con ellas toda clase de objetos de plata y de oro, y prendas costosas. Con estos vestirán a sus hijos e hijas. Así despojarán a los egipcios de sus riquezas.
> (Éxodo 3:21,22 NTV)

Imagínate, este pueblo había sido esclavo por 400 años, ¿qué clase de ropa usarían? De seguro no era la mejor, ni mucho menos la más bonita. Ellos no tenían absolutamente nada, porque un esclavo no es dueño ni de su propia vida. Sin embargo, el Señor pensó en ellos, no como esclavos sino como su pueblo escogido y los honró como tal. De ser esclavos y no tener nada, salieron al desierto con buena ropa y con riquezas.

Cuando Dios llamó a Aaron y a sus hijos al sacerdocio, le manifestó a Moisés su deseo de que fuesen vestidos de honra.

> Hazle a Aarón vestiduras sagradas que irradien belleza y esplendor. Instruye a todos los hábiles artesanos, a quienes he llenado con el espíritu de sabiduría, que confeccionen las vestiduras de Aarón, las cuales lo distinguirán como un sacerdote apartado para mi servicio. (Éxodo 28:2,3 NTV)

Me gusta mucho cómo lo dice la Biblia Hispanoamericana:

> Harás vestiduras sagradas para Aaron, tu hermano, que muestren el honor y la dignidad de su función sacerdotal.
> (Éxodo 28:2,3 BL)

¡Que buen gusto tiene nuestro Dios! Creo que hay una conexión entre las vestiduras naturales y las espirituales, pero no es el tema de este libro ni tampoco del capítulo sino el hecho de que Dios mismo quiso que sus sacerdotes mostrasen honor aun en sus vestiduras. Es innegable el hecho de que sus vestiduras representaban su investidura sacerdotal y esa misma investidura generaba honra en el pueblo.

Lo primero que pensó Saúl al responder a la idea de visitar al profeta Samuel fue en no llegar con las manos vacías:

> Pero no tenemos nada que ofrecerle —respondió Saúl—. Hasta nuestra comida se acabó y no tenemos nada para darle —Bueno —dijo el siervo—, tengo una pequeña pieza de plata. ¡Al menos, se la podemos ofrecer al hombre de Dios y ver qué pasa! (1Samuel 9:7,8 NTV)

Era parte de la cultura que Dios mismo había establecido en su pueblo a través de su siervo Moisés, de no venir a su presencia sin una ofrenda.

> En primer lugar, celebra el Festival de los Panes sin Levadura. Durante siete días, prepararás sin levadura el pan que comas, tal como yo te ordené. Celebra este festival cada año, en el tiempo señalado, a comienzos de la primavera, en el mes de Abib, porque en esa fecha se cumple el aniversario de tu salida de Egipto. Nadie podrá presentarse ante mí sin una ofrenda. (Éxodo 23:15 NTV)

Todos darán según sus posibilidades, de acuerdo con las bendiciones que hayan recibido del SEÑOR tu Dios. (Deuteronomio 16:17 NTV)

¿Te das cuenta? Él primero honra a los israelitas al sacarlos del desierto y después les pide que le honren. Me asombra su humildad y gentileza. Cuando Dios nos llama debemos aprender a fluir en el principio de la honra. No estoy hablando solo para los que tienen un llamado al ministerio eclesiástico, me refiero a todos los que hemos sido llamados por Dios y hemos sido trasladados de un reino de tinieblas a su reino de luz admirable.

La cultura latinoamericana, en su mayoría, es una cultura de deshonra. Nos burlamos de los demás, tenemos una tendencia muy marcada hacia la crítica más que a los halagos y al reconocimiento. Personas de autoridad corrigen a los niños y adolescentes con burlas y en público, lo que trae un sentimiento de vergüenza y de temor que prácticamente los empujan a esconder sus verdaderas personalidades, callando sus opiniones porque temen la burla o el rechazo de sus superiores delante de sus amigos o compañeros. Esa es una de las tantas maneras en que se desarrolla una falsa identidad. Esto también hace que sus corazones se llenen de resentimiento y enojo que luego es expresado en rebeldía que desafía a la autoridad.

Casi no existe el respeto hacia las personas de autoridad y lamentablemente, vemos este tipo de conducta muy marcado en el pueblo de Dios. Si alguien quiere salirse de la corriente de este mundo y mostrar una actitud de honra hacia sus superiores se le critica, y son burlados llamándolos con calificativos despectivos usando ciertas expresiones como "lambe botas", "barbero", en mi país Venezuela se usa mucho la expresión "jala mecate". En otras palabras, una persona que rompe con la cultura de deshonra es mal vista y criticada. Impresionante, ¿no? Este es un ejemplo de llamar a lo bueno malo y a lo malo bueno.

Nos guste o no, nuestro Dios es un Dios de honor, que honra a los que le honran, y dejó muy claro este principio de honra en las Escrituras hacia sus servidores o ministros.

Una contracultura del reino celestial es la deshonra a los ministros de Dios. Piénsalo. ¿Quién es el responsable de traer una contracultura del reino? Todos casi inmediatamente señalaríamos al responsable, al enemigo de nuestras almas. ¿Y a través de quién lo haría? Definitivamente lo hará por medio de nosotros, los seres humanos. Es exactamente igual, el reino de los cielos es traído a la Tierra a través de nosotros, en este caso, los hijos de Dios, pero si los hijos de Dios seguimos estableciendo la deshonra como cultura en nuestras familias, en nuestras escuelas, universidades, congregaciones, ciudades y naciones, creo que estaríamos colaborando con el reino equivocado. Jesús dijo que nosotros somos la sal de la tierra, pero si esa sal se desvanece no sirve para nada.

La honra es un principio espiritual y es parte de la cultura del reino de los cielos del cual somos ciudadanos por depositar nuestra confianza en nuestro único y suficiente Salvador y Señor Jesucristo.

Saúl estuvo dispuesto a honrar al profeta Samuel porque era parte de su cultura, pero me impresiona la actitud del siervo que inmediatamente dio lo que tenía. No se detuvo a pensar cosas como: "Saúl es el hijo de mi patrón por lo tanto debe tener más que yo, yo solo soy un criado". O: "En realidad no es mi problema, él es quien dará la cara al profeta no yo". O: "¿Qué me interesa a mí donde estén los burros? Total, no son míos". Ninguna de esas expresiones denota su actitud, su cultura de honra siendo criado, con menos recursos y con menos posición social que Saúl lo llevó a dar lo que tenía. Es indudable que esta clase de actitud es la que trae la prosperidad, lo podemos observar en el pueblo judío.

La honra es un asunto de doble vía. El profeta Samuel también honró a Saúl no por la posición presente sino por el llamado de Dios sobre su vida como futuro rey de Israel, y no solo lo honró a él sino también honró a su siervo:

> Luego Samuel llevó a Saúl y a su siervo al comedor y los sentó en la cabecera de la mesa, y así los honró más que a los treinta invitados especiales. Después Samuel dio instrucciones al cocinero para que le sirviera a Saúl el mejor corte de carne, la porción que había sido reservada para el invitado de honor.
> (1 Samuel 9:22, 23 NTV)

La iglesia del Nuevo Testamento también funcionaba bajo este principio de honra.

> Ustedes den a cada uno lo que le deben; paguen los impuestos y demás aranceles a quien corresponda, y den respeto y honra a los que están en autoridad.
> (Romanos 13:7 NTV)

> Amados hermanos, honren a sus líderes en la obra del Señor. Ellos trabajan arduamente entre ustedes y les dan orientación espiritual.
> (1 Tesalonicenses 5:12 NTV)

La honra es un asunto de doble vía. No solo Dios quiere que honremos a los que están en autoridad, sino que todos, como hijos de un mismo Padre debemos honrarnos unos a otros:

Ámense unos a otros con afecto genuino y deléitense al honrarse mutuamente. (Romanos 12:10 NTV)

Nuestro Señor Jesucristo declaró que el Padre honraría a todo el que le sirviere. (Juan 12:26 NTV) y en el capítulo cinco del evangelio de Juan dice:

A fin de que todos honren al Hijo, así como honran al Padre. El que no honra al Hijo ciertamente tampoco honra al Padre. (Juan 5:23 NTV)

El Padre no solo quiere le honremos a Él, sino que quiere que honremos a su hijo. Todo el que es padre, o al menos buen padre, se siente honrado cuando sus hijos reciben honra. Soy madre de dos maravillosos hombrecitos, y son, entre otras cosas, excelentes empleados, siempre he recibido honra a través de la honra que ellos reciben en sus trabajos. Mi esposo y yo, en cada ocasión que hemos conocido a los jefes de nuestros hijos, siempre nos han dado el mejor reporte de ellos. Cada palabra de elogio, de admiración y de satisfacción que ellos, como jefes, les dan a nuestros hijos es como si nosotros, sus padres, la recibiéramos. Nada más de escribir estas líneas se me ensancha el corazón de satisfacción por saber que mis hijos son honrados por sus jefes. Así también me sentiré cuando se casen y sus esposas los honren, si no, mujeres, ¡prepárense para conocer a una leona!

Todo buen padre sabe de qué hablo. Nuestro amante Padre celestial es exactamente así, la honra que le damos al Hijo se la damos al Padre. Ahora, te pregunto: ¿Solo Jesús es hijo? Ciertamente no. Él es el primogénito de muchos hermanos. Todos los que hemos recibido a Jesucristo hemos sido adoptados como hijos de Dios por el Espíritu Santo y por eso podemos llamarlo "Abba", papito. Así que este principio no solo aplica para Jesucristo, sino también para ti y para mí como hijos de Dios.

Cuando alguien te honra, honra a tu Padre, cuando alguien te deshonra, deshonra a tu Padre. Cuando honras a un hijo de Dios, independientemente de su función, honras al Padre; cuando deshonras a un hijo de Dios, deshonras al Padre. Piensa en esto cada vez que tengas la oportunidad de honrar o deshonrar a un hijo de Dios. Piensa en esto cada vez que te dirijas a un hijo de Dios, podemos estar en desacuerdo en muchas cosas, pero eso no nos da permiso para deshonrar a nadie y mucho menos públicamente.

Hoy día es alarmante la deshonra entre unos y otros a través de las redes sociales. Es evidente el reflejo de una cultura completamente contraria a la del reino de los cielos. Es evidente el poco reflejo de la gloria de Cristo en nosotros y más el reflejo de quienes éramos antes de conocerle. Es evidente la falta de una verdadera identidad cada vez que actuamos en deshonra. Dios mismo le dijo al profeta Samuel que Él honraría a quienes le honren. Creo que no hay nada más satisfactorio que trae plenitud a nuestra vida que la honra del Padre.

Honra especial

Hay momentos en que recibes una honra especial a causa del llamado de Dios sobre tu vida. Cuando seamos honrados por nuestra investidura ministerial, entendamos que solo somos el canal para que esa honra llegue al Padre quien nos llamó, nos vistió y nos honró, no porque meciéramos el cargo o la función sino por su sola gracia que nos dio el privilegio de servirle.

De todas formas, si no recibiéramos ningún tipo de honra de los hombres, ya hemos recibido la mayor honra y es la de nuestro Señor al llamarnos al ministerio.

Es tan triste ver no solo el nivel deshonra entre el pueblo de Dios, sino también el abuso de parte de un liderazgo con una falsa identidad que demanda servilismo disfrazado de honra. Pastores que demandan de sus feligreses, o de sus hijos ministeriales cantidades de dinero para poder "darles cobertura". Ese, en definitiva, no es el modelo bíblico. Las Escrituras nos dejan ver que siempre la ofrenda es voluntaria. Hay pastores que exigen un nivel de servicio hacia su persona que ni siquiera nuestro Señor Jesucristo recibió, pero esto nunca debe ser exigido ni impuesto.

Necesitamos crecer en una verdadera identidad tanto en lo personal como en lo ministerial para no caer en los extremos y desviarnos de la verdadera fe. Es vergonzoso cuando los mismos pastores, que han sido llamados para edificar la iglesia, para cuidar del rebaño, se convierten en las piedras de tropiezo haciendo apartar de la fe a los más débiles, a los neófitos, estableciendo un modelo no escritural.

Por el contrario, es tan hermoso ver al Espíritu Santo operando en la vida de la iglesia y cambiando la mentalidad por el poder de la palabra de Dios. Ver ese fruto en los hijos de Dios que comienzan a caminar en honra, que su cultura de honra es manifiesta no solo hacia sus autoridades espirituales, sino primeramente en sus casas; esposos que honran a sus esposas y viceversa; hijos que honran a sus padres como tan claro nos dejó escrito el Señor; que padres tratan con dignidad a sus hijos, que todos honremos a todos como dice la Escritura; no por una imposición eclesiástica sino porque la naturaleza divina comienza a manifestarse en sus hijos.

La honra que sana y restaura

La honra que sana y restaura viene del ser aprobados por Dios. Todo ser humano necesita aprobación, reconocimiento, aceptación y todo esto es parte de la honra, sin embargo, si en nuestros primeros años de vida formativa no recibimos en su justa medida todo esto, creceremos con una carencia de reconocimiento que pudiera llevarnos a inconscientemente buscarla o demandarla en lugares o maneras equivocadas.

Puedo asegurarte que, si creciste con déficit de reconocimiento o aprobación, ningún ser humano en este mundo te podrá llevar a un balance emocional. Solo Dios Padre es quien restaura lo que pasó, es el único capaz de meterse en tu pasado y llenarte con su aprobación y reconocimiento, sanando las heridas y llenando ese vacío dentro de ti con su Santo Espíritu.

Nuestro Señor Jesucristo les dijo a los judíos:

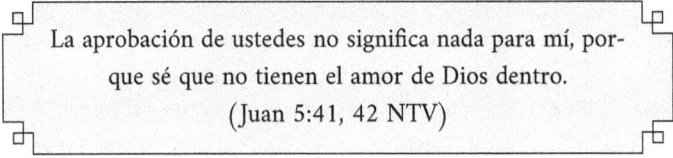

La aprobación de ustedes no significa nada para mí, porque sé que no tienen el amor de Dios dentro.
(Juan 5:41, 42 NTV)

Esto no significa que Jesucristo hecho hombre no necesitara aprobación, sino que la de ellos no venía del amor de Dios, porque no lo tenían. En otras palabras, la aprobación que realmente le importaba era la que venía del Padre. Lo expresa con mayor claridad en este versículo:

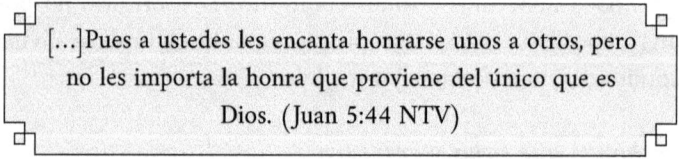

[...]Pues a ustedes les encanta honrarse unos a otros, pero no les importa la honra que proviene del único que es Dios. (Juan 5:44 NTV)

Como les compartí en el capítulo anterior, nuestro Señor y Salvador creció escuchando palabras de afirmación y reconocimiento de parte de sus padres terrenales, esto le dio la bendición de crecer con una identidad verdadera como Hijo de Dios y aún más, la voz del Padre se dejó escuchar el día de su bautismo en aguas:

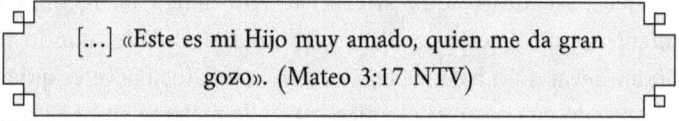

[...] «Este es mi Hijo muy amado, quien me da gran gozo». (Mateo 3:17 NTV)

Sin duda, todo esto le dio el valor y la seguridad que viene de una verdadera identidad no solo para afrontar y vencer el rechazo de sus hermanos, de su propio pueblo y de todos los que lo adversaron, sino también para rechazar la falsa honra o adulación de los hombres. Jesús sabía que la única honra verdadera es la que viene del Padre. Nosotros, como hijos de Dios, también debemos saberlo y buscarla. Dios Padre promete honrarnos.

Jesús dijo que el Padre honraría a quienes le sirvieran, el Padre dijo que honraría a quienes le honraran, también en las Escrituras dice que cuando le buscamos en lo secreto Él nos recompensará en público y, por último, si necesitamos honra, sembremos honra y cosecharemos honra. Esto nos ayudará a caminar en el balance correcto, no tendremos que comprometer la verdad por temor a perder la honra de los hombres cuando sabemos que tenemos la verdadera honra, la que viene del Padre.

> Todo el que quiera servirme debe seguirme, porque mis siervos tienen que estar donde yo estoy. El Padre honrará a todo el que me sirva. (Juan 12:26 NTV)

Definitivamente, no hay mayor honra que la que viene del Padre. La honra de los hombres es fútil, pero cuando el Padre te honra: te afirma, te da seguridad, te da verdadera identidad.

> Cuando la gente se alaba a sí misma, ese elogio no sirve de mucho. Lo importante es que los elogios provengan del Señor. (2 Corintios 10:18 NTV)

Saul perdió la honra de Dios por la de los hombres

En estas palabras que Saúl le dijo al profeta Samuel se ve reflejada la necesidad de reconocimiento que tenía Saúl. Lamentablemente, su necesidad de reconocimiento quería que fuese suplida por los hombres y no por Dios quien nos da el verdadero reconocimiento.

> Entonces Saúl le confesó a Samuel: —Es cierto, he pecado. He desobedecido tus instrucciones y el mandato del SEÑOR, porque tuve miedo del pueblo

> y por eso hice lo que ellos me pidieron.
> (1 Samuel 15:24 NTV)
> [...]— Sé que he pecado. Pero al menos te ruego que me honres ante los ancianos de mi pueblo y ante Israel al volver conmigo para que adore al SEÑOR tu Dios.
> (1 Samuel 15:30 NTV)

Ya para ese entonces Saúl había sido desechado de su cargo por Dios, justamente porque Saúl buscaba la aprobación de los hombres más que la de Dios.

El apóstol Juan en su evangelio escribió:

> Sin embargo, hubo muchos que sí creyeron en él, entre ellos algunos líderes judíos; pero no lo admitían por temor a que los fariseos los expulsaran de la sinagoga, porque amaban más la aprobación humana que la aprobación de Dios. (Juan 12:42,43 NTV)

Cuando Dios te llama, te honra. No lo olvides.

CAPÍTULO 5

CUANDO DIOS LLAMA, UNGE

El Señor le habló estas palabras a Samuel:

> «Mañana a esta hora te enviaré a un hombre de la tierra de Benjamín. Úngelo para que sea el líder de mi pueblo, Israel. Él los librará de los filisteos, porque desde lo alto he mirado a mi pueblo con misericordia y he oído su clamor». (1 Samuel 9:16 NTV)

Dios es quien escogió a Saúl, entendiendo que esta acción vino como respuesta del pueblo que manifestó su deseo de tener un rey, pero fue Dios quien escogió a Saúl y le dio la instrucción al profeta Samuel de que lo ungiera y, conforme a su voluntad, así lo hizo Samuel:

> Entonces Samuel tomó un frasco de aceite de oliva y lo derramó sobre la cabeza de Saúl. Besó a Saúl y dijo: «Hago esto porque el SEÑOR te ha designado para que gobiernes a Israel, su posesión más preciada.
> (1 Samuel 10:1 NTV)

El profeta Samuel no ungió a Saúl por sus talentos, habilidades, relación personal, carisma, ni nada por el estilo; lo ungió porque Dios fue quien lo escogió y le dio la instrucción de ungirlo.

La unción te consagra o te separa para un propósito

El ser ungidos, lleva una connotación de separación, de consagramiento al servicio de Dios. Lo vemos por ejemplo en el modelo que Dios le dio a Moisés del tabernáculo. Cada utensilio debía ser ungido con aceite. Tú y yo sabemos que el aceite es símbolo del Espíritu Santo. Y así nosotros como utensilios en las manos de Dios debemos ser ungidos con el Espíritu Santo.

En el caso de Saúl, como en muchos otros en la Escritura, fue ungido por voluntad de Dios, en otras palabras, fue escogido, apartado para servir como rey a la nación de Israel. Fue idea de Dios decirle al profeta Samuel que lo ungiera, que derramara aceite sobre su cabeza y así lo hizo.

En esto del ungimiento quiero compartirte al menos dos poderosas implicaciones. Uno, como ya te lo había comentado antes, tiene que ver con la consagración, con el ser separado, apartado para una función específica. Y, dos, tiene que ver con la activación de los dones y/o talentos que se nos ha dado para exactamente lo mismo, una función, es decir, para el servicio.

La unción o manifestación del Espíritu Santo a través de una persona no tiene como finalidad hacernos sentir bien, con ciertas manifestaciones físicas como piel erizada, o emocionales como lágrimas que broten de nuestros ojos, por mencionar algunas. La manifestación de la unción de Dios es para llevar a cabo una operación, un servicio, un trabajo. Muchos dicen querer ser ungidos por otros motivos y no por el correcto. Dios nos unge para servir. Por eso, todos tenemos la unción del Santo, porque sin excepción, todos hemos sido llamados a servir. De esa misma manera lo expresó nuestro Señor y Salvador Jesucristo cuando dijo: "No vine a ser servido sino a servir".

Por cuanto todos hemos sido llamados a servir, todos hemos sido dotados con al menos un don del Espíritu Santo y al menos un talento natural, por ejemplo: la música, el canto, la pintura, el deporte, etc. El apóstol Pablo en la carta a los Corintios lo dice así:

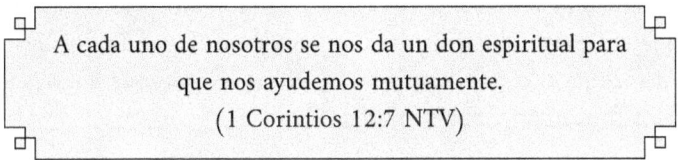

A cada uno de nosotros se nos da un don espiritual para que nos ayudemos mutuamente.

(1 Corintios 12:7 NTV)

Allí dice "a cada uno" y eso nos incluye a ti y a mí, querido lector. Cuando tenemos una falsa identidad nos cuesta reconocer que tenemos dones y talentos. También puede influir el hecho de que tenemos una falsa enseñanza acerca de la humildad. Se nos dijo que reconocer lo que tenemos es orgullo, cuando en realidad es una falsa humildad. Jesús siempre manifestó una identidad clara y correcta. Él mismo dijo: "[...]Déjenme enseñarles, porque yo soy humilde y tierno de corazón [...]". (Mateo 11:29 NTV)

Él mismo reconocía que era humilde y el reconocerlo no lo hacía ser orgulloso. De ahí que reconocer lo que nos ha sido dado no es orgullo, es tener identidad y además con ello glorificamos al Dios que nos lo dio.

¿Te atreves a hacer un cortito ejercicio en este momento? Toma un lápiz o bolígrafo y una libreta u hoja de papel, también puedes usar tu teléfono celular o tableta. Escribe tres talentos o dones que Dios te haya dado. No importa el tiempo en que tardes, no es una carrera, pero es importante que lo hagas. Una vez que hayas terminado léelo una y otra vez, explora tus emociones, ¿qué sientes?, ¿qué tanto te identifica? Atrévete a evaluarte, ¿qué tan bien lo haces?, ¿qué te han dicho otros acerca de esos dones o talentos?, ¿qué tanto los pones en práctica?, ¿a quienes ayudas o sirves con tu talento o tu don?

El ungir con aceite es una práctica que no todas las congregaciones usan para el reconocimiento del llamado ministerial de alguno de sus miembros. Sin embargo, quiero reafirmar que el aceite es usado como un símbolo representando la persona del Espíritu Santo. Se use o no el aceite para ungir como una práctica, lo importante es el reconocimiento eclesiástico de que el Señor le ha llamado a un área específica del ministerio. Al reconocerlo públicamente, la iglesia le otorga la autoridad para funcionar u operar ministerialmente

¿Solo son ungidos los que trabajan en una congregación?

Por lo general, existe una creencia dentro del ámbito cristiano que solo los predicadores son ungidos. Esta creencia no va conforme al diseño que encontramos en las Escrituras.

¡Desde que tú y yo aceptamos a Jesucristo como nuestro único Señor y Salvador fuimos ungidos! Dice la Escritura que el que se une al Señor, un Espíritu es con Él. Dice también que se nos ha dado, a todos los que en Él hemos creído y lo hemos recibido, el derecho a ser llamados hijos de Dios y, por ende, se nos ha concedido el espíritu de adopción por el cual lo podemos invocar o llamar "Abba" a nuestro Padre celestial. Este espíritu de adopción, como lo llama el apóstol Pablo, es la persona del Espíritu Santo. Es a través de Él que somos unidos al cuerpo de Cristo y si Cristo es Hijo, nosotros en Él también lo somos.

El diccionario de la Real Academia Española define la palabra "unción" como: Acción de ungir o untar. Gracia y comunicación especial del Espíritu Santo, que excita y mueve al alma a virtud y perfección.

Nosotros, los hijos de Dios no solo hemos sido untados con aceite, también la misma persona del Espíritu Santo habita en nosotros. ¡Estamos ungidos! Y si estamos ungidos, estamos llamados a servir en dondequiera que el Señor nos haya colocado en nuestro campo laboral o profesional.

El apóstol Pablo nos exhorta como iglesia a hacer todas las cosas como para el Señor; nos exhorta también a no hacerlo para agradar a nuestros jefes sino a nuestro Dios. Eso implica que podemos servir a Dios en cualquier área donde nos desempeñemos como estudiantes, como trabajadores, como profesionales o empresarios o donde es más importante en nuestro ámbito familiar, que es la base de toda sociedad.

Hace muy pocas semanas, mi madre con 89 años, quien pasa mayor tiempo en cama, me dijo las siguientes palabras con lágrimas en sus ojos: "Ahora sé que es verdad que Dios llama. Cuando escuchaba a alguien decir que Dios lo había llamado a hacer algo, yo pensaba que era una simple inclinación del corazón, pero hoy el Señor me ha llamado a ser una intercesora", y añadió entre sollozos: "Me dijo que no me viene a buscar todavía, me quiere intercediendo por ciertos asuntos".

¡Él sigue llamando!

Después de la unción viene un tiempo de espera

Después del llamado directo de Dios a alguna área de ministerio viene un tiempo de espera. A veces este llamado al ministerio viene de forma pública o muy en privado, pero eso no quiere decir que ya estamos autorizados. El ungimiento que viene con el llamado, sea de manera visible, práctica o de manera intangible, es el aviso o la notificación de Dios de que hemos sido seleccionados para una labor específica, ese ungimiento se va a evidenciar por la manifestación de los dones espirituales afines al llamado.

Hay hijos de Dios, quizás genuinamente llamados, solo Dios sabe, que pasan por alto ese segundo paso: el esperar ser confirmados por su autoridad espiritual. Erróneamente piensan que es suficiente con que Dios les haya hecho saber que han sido llamados a alguna forma de servicio dentro de la iglesia. En el caso del llamado de mi mamá, no se necesita esperar a ser confirmada por su autoridad espiritual, porque el interceder es una función del cuerpo de Cristo y ella en ese ejercer su llamado no está involucrando a un grupo de la congregación.

El no esperar para ejercer el llamado denota una falsa identidad, quizás erróneamente han visto el ministerio como una posición que les da prestigio, reconocimiento e incluso remuneración financiera; también demuestra un gran desconocimiento de los principios espirituales por los que funciona el reino de los cielos. Uno de esos principios, y me atrevería a decir que el más ignorado en la iglesia, es el principio de autoridad. El mismo Señor que puede llamarte al ministerio es el mismo que te dice a través del apóstol Pedro:

> Obedezcan a sus líderes espirituales y hagan lo que ellos dicen. Su tarea es cuidar el alma de ustedes y tienen que rendir cuentas a Dios. Denles motivos para que la hagan con alegría y no con dolor. Esto último ciertamente no los beneficia a ustedes.
> (Hebreos 13:17 NTV)

La espera es clave para pasar de ser llamados a escogidos. Jesús, el Señor de la iglesia, dijo que muchos eran los llamados y pocos los escogidos. En esa espera estaremos siendo evaluados por el Señor en la actitud de nuestro corazón más que en un desempeño perfecto de tareas. Eso implica sujeción. Si no podemos sujetarnos a una autoridad a quien vemos, mucho menos nos sujetaremos a Dios a quien no vemos.

Después del ungimiento de Saúl hubo un tiempo de espera para ser ratificado en público como lo fue en privado. Eso nos habla de una sincronización del cielo y la tierra. Cuando el cielo te llama y luego en la tierra se te confirma, o ratifica tu llamado, ese es el tiempo para ejercer. Es el tiempo en que contamos con el respaldo del cielo y de la tierra.

Para algunos que piensan que cuando Dios llama no necesitas al hombre que te confirme, solo recuerda que quien tiene la autoridad en la tierra es la iglesia. Esa autoridad fue delegada por el Señor de los cielos y la tierra, y cuando Dios delega autoridad no la irrespeta, ni viola ese principio porque no puede ir en contra de su propia autoridad. La autoridad de Dios va a fluir a través de tus líderes espirituales, así que espera en Él.

El rey David fue ungido (separado para ser rey) desde muy joven y aun cuando el tiempo de espera fue largo era necesario; él se sometió al rey Saúl incluso cuando ya había sido desechado por Dios, pero todavía el pueblo de Israel no había reconocido a David. Primero fue la tribu de Judá y años después todo el pueblo de Israel lo reconoció como su rey. Fue ratificado en la tierra lo que en el cielo ya había sido designado.

En el caso del apóstol Pablo, quien pudiera haber dicho que no necesitaba de los otros apóstoles porque Cristo mismo resucitado le hizo el llamado, (podemos leer de ese llamado en el libro de Hechos capítulo nueve) en realidad pasó años en el anonimato; consultó con los otros apóstoles y confirmó que el mensaje del evangelio era el mismo que él había recibido y en su propia iglesia local en Antioquía fue separado, como lo dice el Espíritu Santo en el libro de Hechos capítulo trece, a la obra que Él le había encomendado. Enviado por su iglesia local, Pablo salió con Bernabé a la obra apostólica o misionera. Una vez más, la evidencia de la sincronización del cielo y la tierra.

Aun cuando las formas del llamamiento pueden ser muy diversas, el principio es el mismo. Dios da a conocer su voluntad al llamar a alguien a su servicio y lo va a confirmar a través de la o las personas en autoridad ministerial.

Dios es un Dios de orden. Si tienes un llamado no te saltes este tiempo de espera, podrías acarrearte muchas consecuencias que no están en el plan de Dios para tu vida, pero que ciertamente serán usadas como herramientas para traerte de nuevo al carril de la obediencia y de la espera en Él.

Entonces, ¿qué es la unción?

La unción es la manifestación del Espíritu Santo a través de nuestras vidas, que puede ser muy evidente por medio de algún don o talento que nos haya dado. Por eso, al escuchar a algún salmista podemos decir: ¡Qué unción! En otras palabras, nos estamos refiriendo a la presencia manifiesta del Espíritu mediante su voz; el canto; la ejecución de un instrumento. Lo mismo podemos expresar de un predicador cuando en su mensaje podemos percibir o discernir la presencia manifiesta del Espíritu.

Llamado al ministerio

El llamado al ministerio es potestad del Señor. Lamentablemente como cuerpo de Cristo hemos violado este principio, olvidando que el derecho de designar a alguien para labores ministeriales solo lo tiene el Señor de la iglesia.

Hoy en día la potestad de nombrar ministros del evangelio se la hemos adjudicado a las universidades cristianas, a los seminarios, a los institutos bíblicos o a cualquier centro de capacitación ministerial. Si pasan los grados académicos que les son requeridos, los estudiantes son "graduados" como pastores, evangelistas o cualquier otro título ministerial. El apóstol Pablo, en su carta a los Efesios, deja muy en claro que es Cristo quien establece los ministerios en su iglesia:

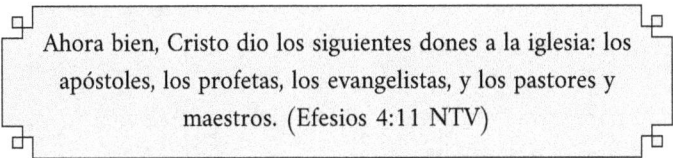

Ahora bien, Cristo dio los siguientes dones a la iglesia: los apóstoles, los profetas, los evangelistas, y los pastores y maestros. (Efesios 4:11 NTV)

Aun nuestro Señor Jesucristo pasó toda una noche orando, buscando oír la voz del Padre para conocer su voluntad con respecto a quiénes Él había escogido como apóstoles.

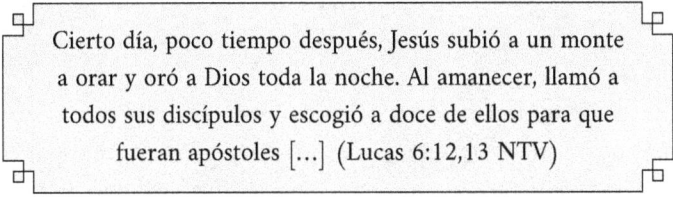

Cierto día, poco tiempo después, Jesús subió a un monte a orar y oró a Dios toda la noche. Al amanecer, llamó a todos sus discípulos y escogió a doce de ellos para que fueran apóstoles […] (Lucas 6:12,13 NTV)

Hemos sufrido y sufrimos consecuencias como iglesia de Cristo por no operar de esta manera, pero pareciera que no nos damos cuenta o hemos adoptado una falsa creencia que ya Dios no se comunica ni con su creación, ni con sus propios hijos y no me gustaría ser malentendida en este aspecto, amo estudiar. Una de las cosas que más disfruté en mi juventud fue el haber estudiado en el Seminario Evangélico de Caracas y hasta el día de hoy me apunto en diferentes escuelas de ministerio o capacitaciones que dan otros colegas ministeriales, porque nunca debemos dejar de aprender, pero asumir nuestra capacitación intelectual como un llamado de Dios es otra cosa.

No estudio para ser, sino que en base a quien he sido llamada a ser, entonces estudio, me preparo, me capacito. Con esto toco un punto importante de identidad. La famosa frase "estudia para que seas alguien en la vida" nos deja un mensaje inconsciente de que, si no estudio, no soy nadie. Por eso muchas veces nos encontramos estudiando para "ser alguien". ¡Ya somos porque Dios nos dio no solo existencia, sino vida y propósito para una trascendencia!

Cuando Dios llamó a Jeremías, no lo llamó después de que estudiara para "ser profeta". Lo llamó desde el vientre de su madre para ser profeta.

> El SEÑOR me dio el siguiente mensaje: — Te conocía aun antes de haberte formado en el vientre de tu madre; antes de que nacieras, te aparté y te nombré mi profeta a las naciones. (Jeremías 1:4,5 NTV)

¡En Él ya somos! Nuestra identidad está en Él, y conocemos más de quienes somos en la medida en que lo conocemos a Él.

David era un jovencito pastor de ovejas, no estudió para ser rey, pero Dios lo escogió y lo ungió para que fungiera como uno. Todas las experiencias que tuvo fueron usadas para capacitarlo; de hecho, su habilidad como músico lo llevó al palacio para ministrar a Saúl, pero ahora tenía la posibilidad de conocer los protocolos de palacio. Ester no tenía idea de que sería reina, pero al ser escogida pasó por un tiempo de preparación y capacitación que la llevaría luego a ocupar la posición que Dios había designado para ella y para el pueblo de Israel.

Muy posiblemente el lugar y la posición en que te encuentras es tu lugar de entrenamiento y capacitación, aunque no sea en un aula de clases.

Unción acorde al servicio, al lugar y al rango de influencia

La efectividad de nuestro ejercicio ministerial tiene que ver, en cierta forma, con una asignación territorial. No estás ungido para llegarle a todo el mundo, has sido ungido para alcanzar a aquellos en un lugar específico y con características específicas, ¡la tierra prometida tenía limites! Pablo fue llamado apóstol de los gentiles, Pedro fue llamado apóstol a los judíos, es importante descubrir tu lugar y el tipo de gente a quienes has sido asignado. ¿Dónde y con quiénes te das cuenta de que el don que Dios te ha dado fluye con facilidad?, ¿dónde y con quiénes eres más efectivo?, ¿dónde y con quiénes te sientes como pez en el agua? Ahí es donde Dios te llamó, ahí la unción fluirá, ahí verás el respaldo de Dios, y ahí estará la provisión para la visión que te ha sido dada, ¡solo ahí!

Nínive dependía del ministerio de Jonás, no de Pepito ni Jaimito, ¡era Jonás! Por eso Dios lo persiguió y lo arrinconó, no dijo: "¡Usaré a otro!". Dios te llamó a hacer algo y eres responsable por eso. Los dones, habilidades y talentos son para usarlos en aquello a lo que Él te llamó, no para usarlos donde y con quienes tú quieras porque es más conveniente para ti.

Dios nos posiciona o coloca en el lugar en el que espera que seamos efectivos. Cuando Dios posicionó a Saúl en el reinado dio la razón de ello: "[...] Úngelo para que sea el líder de mi pueblo, Israel. Él los librará de los filisteos, porque desde lo alto he mirado a mi pueblo con misericordia y he oído su clamor»." (1 Samuel 9:16 NTV). Lo posicionó como rey no para darle prestigio sino para que librara al pueblo de los filisteos (propósito) y la razón para hacerlo rey fue el clamor del pueblo.

Recuerda, no se trata de ti, se trata de la gente que espera ser alcanzada por ti, liberada por ti, equipada por ti, la gente que espera recibir una palabra, un gesto, una acción que cambie su eternidad. Mientras estás disfrutando de la comodidad, de tu conveniencia, hay gente desesperada por lo que Dios te ha dado a ti. Has sido constituido un canal de bendición para otros, no retengas más lo que te ha sido dado, ¡fluye y sé una bendición a los demás!

Es importante tomar en cuenta el lugar de servicio, porque es en ese lugar donde podrás ejercer tu nivel de autoridad con el respaldo divino. Hay maestros, por ejemplo, para una congregación y hay maestros para el cuerpo de Cristo en general. Hay pastores para una congregación y hay pastores cuyo rango de influencia y autoridad es para la ciudad. Hay profetas congregacionales, nacionales o internacionales.

Niveles de autoridad y rangos de influencia van aumentando en el tiempo de servicio ministerial, acorde a la fidelidad del siervo, del crecimiento y la madurez espiritual. En un ejército nadie llega a ser general en cuestión de semanas; tampoco el cuerpo de policía de una ciudad tiene jurisdicción en otra ciudad, aunque sirvan en el mismo estado y la misma nación. Dios es un Dios de orden. En el ministerio cometemos muchos errores en este aspecto, a veces nos metemos en la jurisdicción de otro o en las labores de otros, irrespetando la autoridad delegada.

Si has llegado hasta aquí en la lectura de este libro es porque, de una u otra forma, te está edificando en tu ser interior. Quizás has podido sentir que Dios te ha hablado a través de estas líneas, has captado ideas y aprendido cosas que antes no conocías, o quizás te ha refrescado cosas que habías olvidado, pero nada de esto hubiese sido posible si yo no reconociera que tengo un talento para escribir. Y además de que me gusta escribir, es parte de mi misión de vida. ¿Te das cuenta como el tener una identidad clara te ayuda a responder al llamado de Dios?

Sé que estoy ungida para la escritura. No llegué a esta convicción interna de la noche a la mañana. Simplemente escribía por placer, ha habido gente que me ha validado en eso y, por supuesto, el Señor en varias ocasiones me habló a través de diferentes ministros dándome la orden de escribir. Pero siempre me detuve, me ponía trabas, excusas: no tengo tiempo, estoy haciendo cosas más importantes, muchos siervos de Dios ya están escribiendo, no soy famosa, ¿quién va a comprar un libro de alguien que no conoce? Y podría seguir contándote acerca de todas las cosas que pensaba, sin darme cuenta de que yo misma he leído libros de gente desconocida, que ni recuerdo sus nombres, pero que me encantaron sus escritos.

Hasta que yo no entendí que, siendo un ser único, mi escritura sería única, que nadie puede escribir como yo, puede que haya muchos que lo hagan mejor o peor, pero nunca igual. También comprendí que a muchos les sería de ayuda lo que escribo, que a través de la escritura puedo bendecir a más gente, en otras palabras, hasta que no crecí en identidad no pude llegar a obedecer al llamado de Dios de manera plena. Aquí estoy escribiendo y ya anhelando crear el siguiente libro.

¿Y tú, qué excusas tienes para no obedecer al llamado de Dios? Recuerda que eres un ser humano sin copia, eres un original de Dios. A lo que fuese que te haya llamado, nadie podrá hacerlo como tú. Estás ungido para hacer aquello a lo has sido llamado.

Así como Dios escogió a Saúl, lo ungió con aceite y lo ratificó en su llamado, así te ha elegido para una labor específica y te ha ungido para el servicio, para ser de bendición para muchos.

CAPÍTULO 6

CUANDO DIOS LLAMA, TRANSFORMA

Es importante entender que aun cuando Dios nos equipa con habilidades naturales y sobrenaturales, su propósito primordial es llevarnos a plena madurez, a manifestar el carácter de Cristo, como lo expresa el apóstol Pablo:

> Ese proceso continuará hasta que todos alcancemos tal unidad en nuestra fe y conocimiento del Hijo de Dios que seamos maduros en el Señor, es decir, hasta que lleguemos a la plena y completa medida de Cristo. (Efesios 4:13 NTV)

Transformación

La transformación es la evidencia más importante de un encuentro espiritual. La evidencia de que hemos tenido un encuentro espiritual con Dios no solo es la manifestación de dones, talentos o habilidades, sino la transformación de nuestra vida.

Los dones, como la palabra misma lo indica, son regalos. Estos dones o regalos de parte de Dios nos adornan, porque son parte de la manifestación de la gracia de Dios en nuestras vidas y también nos equipan para poder cumplir de manera más eficaz con nuestro llamado a servir. De ninguna manera los dones son una firma de garantía de nuestro nivel de santidad, entrega o madurez espiritual. Pero, por el contrario, nuestra transformación, por causa del nuevo nacimiento, va manifestando en lo exterior un cambio de comportamiento y en la medida que continuamos en nuestros encuentros con Dios, nuestra comunión, nuestra relación con Él de manera vivencial y continua, vamos dando fruto, es decir, damos evidencia de que realmente tenemos una relación con Dios. El fruto que el Padre espera que demos es el carácter de Cristo en nosotros, que es conocido como el fruto del Espíritu.

> En cambio, la clase de fruto que el Espíritu Santo produce en nuestra vida es: amor, alegría, paz, paciencia, gentileza, bondad, fidelidad, humildad y control propio. ¡No existen leyes contra esas cosas!
> (Gálatas 5:22,23 NTV)

El profeta Samuel le dijo a Saúl:

> En ese momento el Espíritu del SEÑOR vendrá poderosamente sobre ti y profetizarás con ellos. Serás transformado en una persona diferente.
> (1 Samuel 10:6 NTV)

La evidencia de ese encuentro con el Espíritu de Dios no solo era la manifestación de una habilidad sobrenatural para profetizar, sino que sería transformado en una persona diferente. Nuestro Señor Jesucristo les anunció a sus discípulos que serían investidos de poder cuando el Espíritu Santo viniera sobre ellos y leemos en el libro de los Hechos cómo se cumplió esta promesa en sus vidas.

> pero recibirán poder cuando el Espíritu Santo descienda sobre ustedes; y serán testigos, y le hablarán a la gente acerca de mí en todas partes: en Jerusalén, por toda Judea, en Samaria y hasta los lugares más lejanos de la tierra. (Hechos 1:8 NTV)
> El día de Pentecostés, todos los creyentes estaban reunidos en un mismo lugar. De repente, se oyó un ruido desde el cielo parecido al estruendo de un viento fuerte e impetuoso que llenó toda la casa donde estaban sentados. Luego, algo parecido a unas llamas o lenguas de fuego aparecieron y se posaron sobre cada uno de ellos. Y todos los presentes fueron llenos del Espíritu Santo y comenzaron a hablar en otros idiomas, conforme el Espíritu les daba esa capacidad. (Hechos 2:1-4 NTV)

Vemos claramente que la promesa de llenar a los discípulos de poder tuvo la función de hacerlos testigos. La palabra "testigo" viene del griego *martyros*, esta a su vez en español derivó en la palabra "mártir". El mártir es una persona que da su vida por una causa. Los mártires, para poder dar sus vidas, como de hecho lo confirman los historiadores, debían tener un poder sobrenatural. El mismo Espíritu Santo era quien podía habilitarlos para dar su vida por Cristo.

La promesa de poder no era para que hablaran en otras lenguas, lo cual ocurrió como una manifestación para evidenciar que estaban siendo investidos de habilidad sobrenatural, hablando un idioma que nunca habían aprendido de forma natural; sino para que pudieran testificar, proclamar las maravillas de Dios, tal y como vemos narrado en Hechos 2:11 "¡Y todos oímos a esta gente hablar en nuestro propio idioma acerca de las cosas maravillosas que Dios ha hecho!".

Por favor, no me mal entiendan, no estoy menospreciando el don de lenguas. Creo lo que el apóstol Pablo muy bien describe acerca de la importancia del don de lenguas en la primera carta a los Corintios capítulo catorce, y es, entre otras, el edificarnos a nosotros mismos, pero quiero enfatizar lo más importante y es que la evidencia de un bautizo espiritual, o de un encuentro con el Espíritu Santo como lo llamo yo en este libro, es la transformación de nuestras vidas. Es el cambio de genética espiritual que ocurre en nosotros a partir de nacer de nuevo; la regeneración del Espíritu en nosotros. Es ese poder del Espíritu el que nos transforma como a Pedro, de ser "Simón" a ser "Pedro".

Vemos a Simón negando a Jesús por cobardía, pero la historia nos cuenta de Pedro que no quiso ser crucificado como su maestro, sino al revés, porque no se consideraba digno. Un hombre que mintió por cobardía, pero después de recibir el poder del Espíritu Santo da su vida por la verdad ¡Esa es la evidencia del poder del Espíritu, la transformación de vida!

El hombre cabal, maduro, lo vemos en Jesús quien no se quedó en la etapa de manifestación de unción al sanar a los enfermos y liberar a los cautivos (dones), sino que soportó el peso de la cruz, la presión de lo que humanamente no podía soportar y en Getsemaní pidió que no se hiciera su voluntad sino la del Padre. Eso es carácter firme, compromiso hasta la misma muerte con tal de ver la misión de Dios cumplida. Es el poder del Espíritu habilitándolo para cumplir con la voluntad del Padre. Cada vez que nos veamos tentados a abandonar nuestro llamado, la misión que el Padre nos ha encomendado, busquemos con más ahínco ser llenos del poder del Espíritu Santo.

Adoración: *agente de transformación*

El apóstol Pablo nos recomienda vivir una vida de adoración, de alabanza y gratitud si queremos ser llenos del Espíritu Santo.

> No se emborrachen con vino, porque eso les arruinará la vida. En cambio, sean llenos del Espíritu Santo cantando salmos e himnos y canciones espirituales entre ustedes, y haciendo música al Señor en el corazón. Y den gracias por todo a Dios el Padre en el nombre de nuestro Señor Jesucristo. (Efesios 5:18-20 NTV)

Hay una relación muy estrecha entre adoración y transformación. El Salmos 115 hace referencia a que nos parecemos a quien adoramos:

> Y los que hacen ídolos son iguales a ellos, como también todos los que confían en ellos.
> (Salmos 115:8 NTV)

Tanto los fabricantes de ídolos como los adoradores de estas imágenes, que les rinden honor y contemplación, ofrecen peticiones, promesas y ponen su confianza en ellos. El Salmo habla de la inhabilidad de esos ídolos: no hablan, no ven, no oyen, no tocan, no caminan, no emiten sonidos y dice que semejante a ellos son los que los hacen y los que confían en ellos; es decir, se vuelven inútiles espiritualmente, hay un engrosamiento auditivo que no les permite oír al verdadero Dios, se vuelven ciegos espirituales y no pueden ver la luz de la verdad, no pueden percibir con sus sentidos espirituales porque los tienen atrofiados; no avanzan en su vida porque no caminan espiritualmente, ¡son como muertos!

Cuando hablo de adoración, no me refiero a cantar canciones o himnos cristianos, aunque la música es un lenguaje espiritual a través del cual expresamos adoración; sino más bien a esa comunión o intimidad profunda con Dios donde solo contemplamos su belleza, su hermosura, y su santidad. Es imposible no ser transformado si de verdad hemos adorado. Cada encuentro con Dios dejará una marca en nosotros. Es como cuando nos exponemos al sol, inevitablemente dejará una marca, una evidencia de que estuvimos bajo sus rayos, de la misma manera el convertirnos en adoradores del Dios vivo y exponernos ante el Sol de Justicia, dejará una marca de transformación en nuestro ser interior y jamás seremos los mismos.

Necesitamos entender que al adorar nos estamos acercando, como dice en la carta a los hebreos a la misma presencia de Dios:

> Ustedes no se han acercado a una montaña que se pueda tocar, a un lugar que arde en llamas, un lugar de oscuridad y tinieblas, rodeado por un torbellino, como les sucedió a los israelitas cuando llegaron al monte Sinaí. (Hebreos 12:18 NTV)

> En cambio, ustedes han llegado al monte Sión, a la ciudad del Dios viviente, a la Jerusalén celestial, y a incontables miles de ángeles que se han reunido llenos de gozo. Ustedes han llegado a la congregación de los primogénitos de Dios, cuyos nombres están escritos en el cielo. Ustedes han llegado a Dios mismo, quien es el juez sobre todas las cosas. Ustedes han llegado a los espíritus de los justos, que están en el cielo y que ya han sido perfeccionados. Ustedes han llegado a Jesús, el mediador del nuevo pacto entre Dios y la gente, y también a la sangre rociada, que habla de perdón en lugar de clamar por venganza como la sangre de Abel. (Hebreos 12:22-24 NTV)

Al participar en el reino de Dios, a través de la adoración, somos impregnados de esa atmósfera celestial, impartidos de su misma santidad y justicia que va conformándonos más y más a su imagen. Adoración es parte del proceso de santificación y regeneración de nuestra alma. Es propicio enfatizar que la base de la verdadera adoración es la obediencia, tal y como el profeta Samuel se lo dejó ver al rey Saúl:

> Pero Samuel respondió: —¿Qué es lo que más le agrada al SEÑOR: tus ofrendas quemadas y sacrificios, o que obedezcas a su voz? ¡Escucha! la obediencia es mejor que el sacrificio, y la sumisión es mejor que ofrecer la grasa de carneros. (1 Samuel 15:22 NTV)

Hoy podríamos contextualizar este verso y declarar que el obedecer es mejor que los cantos de alabanza y adoración, pero a su vez una persona que vive en constante alabanza, que adora al Señor en todo lo que hace, será habilitado por el

Espíritu Santo para rendirse y obedecer cualquiera que sea el mandato de Dios.

Su palabra convierte el alma

Si hay un agente de transformación es la poderosa palabra de Dios. David lo expresó de esta manera en el Salmo 19:

> Las enseñanzas del SEÑOR son perfectas, reavivan el alma. Los decretos del SEÑOR son confiables, hacen sabio al sencillo. (Salmos 19:7 NTV)

Los primeros capítulos de Génesis nos relatan cómo del caos Dios creó belleza, armonía, perfección de creación por el poder de su Palabra. La Palabra hablada por Dios, hizo cambiar toda la atmósfera, todo el escenario, ¡de la nada todo fue creado! La Palabra hablada, *"Dabar"* en hebreo, tiene en sí misma el poder creativo. Es por eso que es imposible escuchar su voz a través de las Escrituras, a través de cualquier instrumento que Él quiera usar para hablarnos y permanecer en la misma condición. Sin lugar a duda, seremos transformados por el poder de su palabra. De hecho, hemos pasado de muerte a vida por su Palabra.

> Pues han nacido de nuevo, pero no a una vida que pronto se acabará. Su nueva vida durará para siempre porque proviene de la eterna y viviente palabra de Dios. (1 Pedro 1:23 NTV)

Nuestro fundamento de vida debe ser la palabra de Dios. El Señor Jesucristo lo dejó muy claro:

> Les mostraré cómo es cuando una persona viene a mí, escucha mi enseñanza y después la sigue. Es como una persona que, para construir una casa, cava hondo y echa los cimientos sobre roca sólida. Cuando suben las aguas de la inundación y golpea contra esa casa, esta queda intacta porque está bien construida. Pero el que oye y no obedece es como una persona que construye una casa sobre el suelo, sin cimientos. Cuando las aguas de la inundación azoten esa casa, se derrumbará en un montón de escombros». (Lucas 6:47-49 NTV)

Si somos llamados a un ministerio público o no, nuestra vida y mensaje debe estar fundamentado en la roca inamovible que es la palabra de Dios. Debemos ser conscientes que, de una u otra manera, influenciamos gente y nuestra mayor influencia en una vida debe estar basada en la palabra de Dios que transforma. El apóstol Pablo le dijo a su hijo Timoteo:

> Ten mucho cuidado de cómo vives y de lo que enseñas. Mantente firme en lo que es correcto por el bien de tu propia salvación y la de quienes te oyen.
> (1 Timoteo 4:16 NTV)

Cuando Dios nos llama, no implica que estamos completamente preparados para asumir el llamado, implica que debemos prepararnos antes de asumir, mientras ejercitamos el llamado y durante toda la vida. Nunca debemos dejar de leer, meditar, estudiar la Palabra de Dios. Necesitamos exponernos a las enseñanzas de otros, pero esto nunca será una sustitución de la formación y transformación que la palabra de Dios opera en nuestras vidas estando en comunión, a solas con Él.

He caminado más de 30 años de la mano del Señor y es triste ver "casas" que fueron llamadas por Dios, pero que fueron azotadas por diferentes vientos doctrinales, vientos de confusión, vientos de mundanalidad, vientos que disiparon la visión que Dios les había dado, en fin. He visto "casas" derribadas por no haber sido edificadas sobre cimientos firmes. Cuando hablo de "casas" usando la misma analogía que usó el Señor, me refiero tanto a vidas, a ministros y a congregaciones enteras.

Las tormentas vendrán, seremos azotados por diferentes vientos de oposición, el agua podrá subir su nivel, pero si nuestras vidas están fundamentadas en la Roca Eterna, después de que cese la tormenta, porque cesará, permaneceremos de pie y más firmes que antes.

La iglesia del Señor, lamentablemente, en la mayoría de los casos, no consulta con el Maestro, no le pregunta al Espíritu Santo y espera una respuesta, sino que se les hace más fácil oír de un hombre, de una institución, de una denominación y sea cual sea la posición que se tome o se enseñe, a eso le llamamos sana doctrina y la defendemos a capa y espada. Hemos dejado a un lado al Señor de la iglesia y a su Palabra la hemos hecho desechable si no se ajusta a nuestras propias convicciones. A veces el orgullo o el miedo nos hace evitar la verdad para no ser confrontados con nuestros errores y todo lo que eso pudiera implicar.

Cuando Dios llama no deja de ser nunca nuestro mejor maestro, nuestro mejor mentor, Él no deja de ser nuestro formador. Él está interesado en transformarnos para que seamos todo aquello que Él nos ha llamado a ser. Él no se ha ido lejos, Él es indispensable en nuestro proceso de transformación. No dejemos que nuestra vida sea llevada de aquí a allá por diferentes corrientes de pensamientos, dejemos que los pensamientos de Dios, aunque más altos que el cielo, sean impartidos en nosotros, llamados a tener la mente de Cristo.

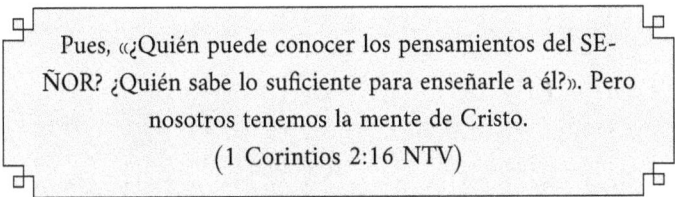

Pues, «¿Quién puede conocer los pensamientos del SEÑOR? ¿Quién sabe lo suficiente para enseñarle a él?». Pero nosotros tenemos la mente de Cristo.
(1 Corintios 2:16 NTV)

Es imposible enseñarle a Él, Dios de toda sabiduría y ciencia, el único Omnisapiente que todo lo sabe y todo lo ve, pero sí es posible conocer un fragmento de sus pensamientos, a través del Espíritu Santo morando en nosotros y dejándonos renovar la mente por su Palabra. La transformación es un proceso de toda una vida. El apóstol Pablo nos dice:

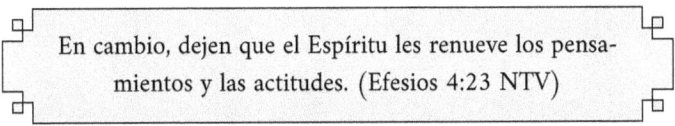

En cambio, dejen que el Espíritu les renueve los pensamientos y las actitudes. (Efesios 4:23 NTV)

Nos urge pedir sabiduría para saber cómo aplicar los principios de la palabra de Dios en nuestras propias experiencias de vida. No basta con solo conocer intelectualmente la Biblia, si esa palabra de Dios no está revelada a nuestro espíritu, si no dependemos de la ayuda del Espíritu Santo para vivir de acuerdo con ella, no estaremos siendo edificados sobre la Roca; sino quizás sobre un cúmulo de información religiosa que, a la hora de una tormenta, no nos ayudará a permanecer firmes.

Incluso cuando Saúl fue transformado, vemos que su proceso de cambio quedó estancado, pues al no afirmarse en las palabras que Dios le había dado a través del profeta Samuel; lo vemos haciendo cosas que no le eran permitidas y también tomando decisiones fundamentadas en el temor del hombre y no en el temor de Dios.

CAPÍTULO 7

CUANDO DIOS LLAMA, REQUIERE OBEDIENCIA

La razón por la que Saúl fue desechado por parte de Dios fue por su desobediencia. El profeta Samuel claramente le había dicho que fuera a Gilgal y que allí se encontrarían para sacrificar ofrenda al Señor. Claramente le dijo: "Deberás esperar siete días hasta que yo llegue y te dé más instrucciones", pero Saúl ante la presión de las circunstancias que vivía en ese momento ordenó que le trajeran la ofrenda y él mismo ofreció el sacrificio. Cuando Samuel llegó, en el plazo de tiempo acordado y supo lo que había hecho Saúl, le dio la mala noticia de que su reino no sería establecido.

> —¡Qué tontería! — exclamó Samuel—. No obedeciste al mandato que te dio el SEÑOR tu Dios. Si lo hubieras obedecido, el SEÑOR habría establecido tu reinado sobre Israel para siempre. (1 Samuel 13:13 NTV)

Notemos que Dios mismo es quien escoge a Saúl por rey, por petición del pueblo; sin embargo, pierde su lugar de autoridad porque no obedeció al mandato. Este es un principio espiritual por el cual funciona el reino de los cielos: el principio de autoridad.

Creo que todos sabemos que para el Señor lo más importante es la obediencia y, sin embargo, no todos somos hijos obedientes. Jesús se los dejó saber a los sacerdotes y a los ancianos del pueblo cuando relató la parábola de los dos hijos:

> » ¿Pero qué piensan de lo siguiente? Un hombre con dos hijos le dijo al mayor: "Hijo, ve a trabajar al viñedo hoy". El hijo le respondió: "No, no iré", pero más tarde cambió de idea y fue. Entonces el padre le dijo al otro hijo: "Ve tú", y él le dijo: "Sí, señor, iré"; pero no fue. »¿Cuál de los dos obedeció al padre? Ellos contestaron: —El primero. Luego Jesús explicó el significado: —Les digo la verdad, los corruptos cobradores de impuestos y las prostitutas entrarán en el reino de Dios antes que ustedes. Pues Juan el bautista vino y les mostró a ustedes la correcta manera de vivir, pero ustedes no le creyeron, mientras que los cobradores de impuestos y las prostitutas sí le creyeron. Aun viendo lo que ocurría, ustedes se negaron a creerle y a arrepentirse de sus pecados. (Mateo 21:28-32 NTV)

Para los líderes de Israel esta parábola debió haberles caído muy mal y de seguro que hasta se ofenderían, pues Jesús les dijo abiertamente que los publicanos, quienes eran despreciados por el pueblo, ya que eran israelitas que trabajaban para el imperio romano cobrando los impuestos, y las rameras, no hay necesidad de describir la inmoralidad del caso, iban delante de ellos al reino de los cielos. ¿Cómo es posible esto? Es un asunto de obediencia. Aquellos tenían la preparación académica, tenían la posición religiosa, gozaban del respeto del pueblo, pero no habían sido obedientes a las instrucciones de Dios a través del profeta Juan. En cambio, los publicanos y las inmorales prostitutas habían creído y obedecido al mandato de arrepentirse y bautizarse.

Si hay algo en lo cual necesitamos mejorar es en nuestra habilidad de responder a las instrucciones de Dios de una manera precisa y a tiempo.

En nuestra vida cotidiana es muy natural este concepto de obediencia o sujeción. Los que somos padres sabemos lo terrible que es tener hijos desobedientes porque se vuelven no confiables para cosas importantes, aunque el amor sea el mismo para todos los hijos, los obedientes cautivan nuestro corazón, en el mejor sentido de la palabra. Si somos jefes y tenemos empleados incapaces de seguir instrucciones sabemos que no serán fácilmente promovidos a mejores posiciones y, en el peor de los casos, de manera justificada tendrían que ser despedidos. Si somos maestros sabemos que un alumno que no cumple con las asignaciones que se le dan no podrá pasar de grado. Así que todos aprendemos a ser obedientes en un grado u otro dependiendo de los niveles de recompensa que recibimos o con la intención de evitar la consecuencia de nuestra desobediencia sea como hijos naturales, como estudiantes o como empleados.

En mis años de caminar con el Señor he visto que muchos ignoran la importancia de la obediencia en el reino de los cielos. La mayoría se conforma con ser salvos, pedir perdón por alguna falla, pero no hay mayor esfuerzo en crecer en obediencia. Y es que no siempre recibimos una recompensa por nuestra obediencia que sea tangible y tampoco vemos consecuencias de nuestra desobediencia que sea tan inmediata como la que teníamos como hijos en casa de nuestros padres naturales. El asunto es que Dios no quiere una obediencia condicionada a una recompensa sino una obediencia por amor. Jesús dijo: "El que me ama guarde mis mandamientos"

Dios quiere que como hijos crezcamos y maduremos al punto que obedezcamos no por temor a una consecuencia, o por recibir algo de parte de Dios, sino que obedezcamos porque le amamos. Y este amor se basa en una relación personal con Él.

Conversando con un muy querido amigo acerca de este tema, me preguntó: "¿La obediencia a Dios es obediencia ciega?", y la respuesta a esa pregunta nos llevó a una conversación profunda y muy interesante que muchas veces no tomamos en cuenta como iglesia. Mi respuesta a su pregunta fue: "Sí, la obediencia a Dios de manera directa debe ser ciega, pero no debe ser ciega a través de personas de autoridad o instituciones". Por ejemplo, cuando un líder espiritual nos pide hacer algo que es contrario a los principios bíblicos, no debemos obedecer ciegamente. Tampoco debemos obedecer o sujetarnos si una institución sea religiosa o no, nos impone una regla, norma o una acción en particular que implique ir en contra de nuestros principios o valores.

Los primeros apóstoles se encontraron en una situación como estar entre la espada y la pared. Ellos habían recibido la comisión apostólica de predicar el evangelio a toda criatura, esa fue una orden directa del Señor, nos referimos a ese evento hoy como "La Gran Comisión", pero las autoridades de aquel tiempo, bajo amenaza, les prohibieron predicar el evangelio, ¿y qué hicieron ellos?

> Pero Pedro y los apóstoles respondieron: —Nosotros tenemos que obedecer a Dios antes que a cualquier autoridad humana. (Hechos 5:29 NTV)

Lo que no entendió Adán en cuanto a la importancia de la obediencia lo entendieron ellos. Recordemos que ellos sufrieron física y emocionalmente por obedecer al Señor, y eso no los detuvo en su caminar de obediencia. De hecho, por fuentes extrabíblicas se sabe que todos los apóstoles, a excepción de Juan, murieron torturados. Esta respuesta de los apóstoles se convierte en una norma de vida para nosotros. Y realmente hay que tener sabiduría para aplicarla, pues también dice la palabra que nos sujetemos a nuestros pastores. En el caso de los apóstoles era un gobierno pagano que no quería que la verdad del evangelio fuese conocida. En el caso de una congregación, puede que recibas el llamado directo de Dios al ministerio, pero debes esperar el tiempo propicio bajo sujeción a tus líderes.

Volviendo al punto de nuestra conversación, hablamos de ejemplos como el de Saúl que desobedeció una instrucción directa de parte de Dios a través del profeta Samuel y fue desechado, pero vemos a David que desobedeció la ley en varias formas y, sin embargo, Dios habla de él como el varón conforme a su corazón. ¿Por qué pasa esto?, ¿tiene Dios preferidos que les permite a unos desobedecer y a otros no?, ¿has pensado esto alguna vez con algunos miembros de tu congregación?, ¿o de algunos amigos o familiares? Este escenario es muy normal en nuestros hogares: "¿Mamá por qué yo tengo que hacer esto o aquello y mi hermana no?, ¿por qué mi hermano puede llegar más tarde y yo no?".

Si eres padre o madre de familia entiendes bien que muchas de estas preguntas que recibimos de los hijos tienen una razón muy justa. Algunos "privilegios" los tiene el hijo mayor, por ejemplo, la llegada a casa a ciertas horas no puede ser la misma para el hijo que tiene 18 años que para el de 13 años; el uso de un vehículo, el tener ciertas llaves o claves de acceso, ciertas salidas de paseo, en fin. Todos estos ejemplos tienen que ver con una edad cronológica que, a su vez, muestran cierto grado de madurez para poder manejar situaciones como esas con sentido común, pero, como hijos de Dios, no es la edad cronológica sino la madurez espiritual la que nos hace confiables delante de nuestro Padre celestial, adquirida por una vida de obediencia.

Nuestra obediencia en las cosas más simples nos habilita para mayores responsabilidades en el reino.

En la parábola de los tres siervos Jesús dijo:

> [...]Has sido fiel en administrar esta pequeña cantidad, así que ahora te daré muchas más responsabilidades. ¡Ven a celebrar conmigo! (Mateo 25:21 NTV)

Y por supuesto el nivel de exigencia también será mayor.

> Alguien a quien se le ha dado mucho, mucho se le pedirá a cambio; y alguien a quien se le ha confiado mucho, aun mas se le exigirá (Lucas 12:48 NTV)

Otro aspecto para considerar al tratar de responder por qué la consecuencia de la desobediencia de Saúl fue tan severa; es la identidad ministerial de la que hablo en el primer capítulo. Saúl además de violar una orden directa, no le era permitido hacer sacrificios ante el Señor; aun siendo rey de la nación no tenía autoridad para meterse en la esfera del gobierno espiritual, por así decirlo, solo Samuel como profeta podía hacerlo.

Hoy día con la accesibilidad que tenemos para alcanzar tanta gente a nivel internacional a través de los diferentes medios de comunicación, muchos siervos de Dios se encuentran metiéndose en esferas ministeriales que no les competen y para las cuales no tienen ninguna autoridad espiritual sea porque no han sido llamados o porque no están listos para el desempeño, pero les hace sentir importantes o exitosos el tener seguidores de todas partes.

Hay algo importante que nunca debemos olvidar y es que, en el reino de los cielos, al cual pertenecemos, es más importante ser que hacer.

El apóstol Pablo escribió, en su carta a los Filipenses, que había algunos que predicaban el evangelio por contienda. Recuerdo que cuando leí esto, siendo niña espiritual, me asombré y me costó digerirlo. Pasados los años lo veo tan claro y cada vez más evidente. Muchos se "hacen ministros" por contienda, rivalidad, por competencia, para mostrar que ellos sí pueden ser usados por Dios, que son mejores que el pastor. En otras palabras, tratando de demostrar quienes creen que son a través de un ministerio y esto lo que realmente demuestra es una terrible falsa identidad, aun cuando los dones puedan ser ejercitados.

¡Qué tú y yo no nos encontremos en ese grupo! ¡Qué tú y yo sirvamos al Dios que nos llamó con las más limpias motivaciones! ¡Qué tú y yo seamos hijos que servimos y glorificamos a nuestro Padre con nuestra obediencia!

¿Es válido negociar con Dios?

¡Por supuesto que sí! Grandes hombres de Dios como Abraham y Moisés lo hicieron. Este fue otro de los tópicos importantes de aquella conversación que mantuve con mi querido amigo. Quizás algunos pudieran pensar: ¡Qué atrevidos fueron esos dos! Si lo pensamos bien, todo se basa en la calidad de la relación que ellos tuvieron. Abraham es conocido no solo por ser el padre de la fe, sino porque Dios lo llamó su amigo. Moisés no solo es conocido como el gran profeta que sacó al pueblo de Israel de Egipto, sino que Dios dijo que con él podía hablar cara a cara.

Cuando leemos Génesis 18 vemos cómo Abraham negoció el juicio de Dios sobre Sodoma y Gomorra. Abraham trató de persuadir a Dios para que no destruyera la ciudad. Y en Éxodo 32 leemos acerca de la intercesión de Moisés a favor del pueblo de Israel para que fuese perdonado por haber hecho un ídolo de oro y se atrevió a decirle que lo borrara de su libro si no perdonaba al pueblo. ¡Vaya osadía! En ambas intercesiones o negociaciones de estos siervos con Dios no se trataba de beneficios personales, no había egoísmo, todo lo contrario, había una entrega total de sus vidas a favor de otros.

Recuerdo el caso del apóstol Pablo quien también negoció con Dios pidiéndole que le quitara el aguijón de su carne y Dios le respondió que su gracia era suficiente.

Primero, asegúrate si vas a negociar con Dios, que sea con base en la clase de relación o intimidad que tienes con Él. Segundo, asegúrate que la motivación de tu regateo no sea para beneficio personal.

Negociar con Dios y desobediencia

En el libro de Hebreos leemos que, aunque Jesús era el Hijo de Dios, aprendió obediencia por las cosas que sufrió (Hebreos 5:8).

Cuando pasemos por situaciones difíciles recordemos que a través de esas circunstancias debemos aprender a obedecer. Si así pasó con Jesús, ¡cuánto más tú y yo debemos aprender a obedecer!

En una segunda ocasión, el Señor le da una instrucción a Saúl a través del profeta Samuel, debía destruir por completo a los amalecitas, pero nuevamente Saúl falló en obedecer la instrucción que se le dio y perdonó la vida del rey de Amalec, y lo mejor del ganado para ofrecerle sacrificios a Dios. En este punto pudiéramos decir que cumplió a medias, hizo como mejor a él le pareció hacerlo. ¿Conoces gente así, cierto? Le das una instrucción y ellos quieren cumplirla como ellos quieren y cuando ellos quieren.

A veces pareciera que inconscientemente pensamos que tenemos una mejor idea que Dios, ¡vaya arrogancia de nuestra parte! No se trata de que Dios no da cabida a la iniciativa, a la creatividad, a las nuevas ideas. De hecho, quien nos diseñó con todo ese potencial, ¿cómo no querrá que lo desarrollemos? Pero a la hora de obedecer una instrucción de parte de Dios, no hay que pensar que sabemos más que Él, ¡consultémosle! Él es el único y sabio Dios, y el plan viene de Él. No sabemos si al alterar parte de ese plan acarrearemos consecuencias desastrosas.

Cuando Eva consideró que la propuesta de Satanás era más atractiva que la orden de Dios de no comer del árbol prohibido y Adán decidió seguir el plan, las consecuencias de esta desobediencia fue que toda la humanidad y la tierra cayera bajo maldición de muerte. ¿Te imaginas si hubiesen mantenido el plan original, obedeciendo a la instrucción de Dios? Tendríamos al paraíso en la Tierra, sin pecado, sin enfermedades, ni muerte. Sí, yo sé, hagamos una pausa y perdonemos a esa famosa pareja las veces que sea necesario. En realidad, no estoy segura de que yo hubiera hecho un mejor trabajo que Eva estando en su lugar.

Una desobediencia lleva a otra y luego a otra. Saúl acercándose a su tiempo final llegó al punto de consultar a una bruja porque ya Dios no le respondía. Ciertamente conocía que Dios prohibía el consultar a adivinos, la consulta o invocación de los muertos era castigado severamente, pero Saúl una vez más decidió desobedecer. La muerte de Saúl fue muy triste, terminó con su propia vida cayendo sobre su espada y como no murió de inmediato le pidió a su escudero que lo traspasara para terminar con su agonía.

Una vida de desobediencia no trae buenas consecuencias.La necesidad de aprobación o reconocimiento que tenía Saúl lo llevó a desobedecer las órdenes de quien lo había llamado a ser el primer rey de Israel.

ACERCA DE LA AUTORA

Tamayz Aman (mejor conocida como Tamy) nació en Caracas, Venezuela y, por llamado de Dios, se estableció en Estados Unidos desde el año 1996. Tamayz entregó su vida al Señor Jesucristo a los 19 años. A los 20 años comenzó a servirle dando clases a los jóvenes en su iglesia local (Iglesia Las Acacias) y nunca más ha dejado de compartir la palabra de Dios en los diferentes lugares donde ha sido invitada no solo en Venezuela, sino también en otros países de Hispanoamérica, y en diferentes lugares de Estados Unidos. A los 21 contrajo matrimonio con Mario Amán y tiene dos hijos: Daniel y Joel.

Estudió Contabilidad Computarizada en el ISUM y ha cursado estudios en el Seminario Evangélico de Caracas, en SECAMI (Seminario de Capacitación Ministerial) y tiene un Asociado en Latin University. Ha participado en varias escuelas proféticas del Ministerio Tsebaoth en Honduras, y por sus pastores Nerea y José Emigdio Osorto ha sido reconocida por su llamado profético.

Fue la directora de Intercesión con el Ministerio Valle de la Decisión a nivel nacional, lo que le permitió interactuar con las diferentes denominaciones de la iglesia de Cristo en Venezuela. Fue ordenada como pastora por el Rev. Miguel Puig, director de Jesus is Lord University, en la ciudad de Orlando, Florida. Es en ese lugar donde comienza su oficio pastoral al lado de su esposo, actual pastor de la Comunidad Cristiana de Montgomery donde llevan alrededor de 20 años pastoreando.

Tamayz es fundadora del Centro de Refugio Espiritual en línea (CREE), capacitando a líderes cristianos de manera virtual y comparte una publicación de carácter devocional vía Telegram conocida como *Pan Caliente*.

Actualmente cursa estudios de coaching profesional y es coach de vida certificada por el Neuroscience Coaching Institute. La puedes seguir en la página de CREE y en las redes sociales siguiendo los siguientes enlaces:

Web: https://refugioespiritual.com

Facebook: https://refugioespiritual.com/facebook

Instagram: https://refugioespiritual.com/instagram

Telegram: https://refugioespiritual.com/telegram

CUANDO DIOS LLAMA

Tamy Aman

Portable inspira

Somos una editorial creativa, flexible, dedicada a formar autores, hacer libros y encontrar lectores. Unimos la energía del start up con la experiencia sumada de un equipo de talentos en todas las áreas de la gestión editorial. Nuestra especialidad es buscar autores que inspiren, construir contenidos inolvidables y hacer libros de calidad para ser leídos en el mundo.

**Somos más que una editorial:
somos una agencia para autores del futuro.**

@EditPortable

www.editorialportable.com
Contacto: info@editorialportable.com

Este libro ha sido publicado en colaboración con Tepui Media.

Tepui Media es una empresa comprometida con el fortalecimiento de las iniciativas de autores independientes y con amplificar su impacto comunicacional. Tepui Media cuenta con un equipo de profesionales altamente calificados en comunicaciones de medios múltiples e incluye a varios especialistas en presencia y mercadeo digital, producción audiovisual, estrategia de contenido y desarrollo de software.

Si necesitas publicar tu libro y crear una plataforma sólida de promoción y difusión de tu mensaje, habla con los expertos:

https://tepui.media

info@tepui.media

www.ingramcontent.com/pod-product-compliance
Lightning Source LLC
Chambersburg PA
CBHW071234090426
42736CB00014B/3082